中国名镇志文化工程
Culture Project of Local Records of China's Famous Towns

# 下司镇志

*LOCAL RECORDS OF XIASI*

贵州省凯里市下司镇志编纂委员会　编



方志出版社
Publishing House of Local Records

**图书在版编目（CIP）数据**

下司镇志 / 贵州省凯里市下司镇志编纂委员会编
. -- 北京：方志出版社，2020.12
（中国名镇志丛书）
ISBN 978-7-5144-4572-5

Ⅰ. ①下… Ⅱ. ①贵… Ⅲ. ①乡镇—地方志—凯里
Ⅳ. ① K297.35

中国版本图书馆 CIP 数据核字（2020）第 220536 号

· 中国名镇志丛书 ·

**下司镇志**

**编　　者：** 贵州省凯里市下司镇志编纂委员会
**责任编辑：** 丛　珺

**出 版 者：** 方志出版社
地址　北京市朝阳区潘家园东里 9 号（国家方志馆 4 层）
邮编　100021
网址　http://www.zgfzcb.cn
**发　　行：** 方志出版社图书经销中心
电话　（010）67110500
**经　　销：** 各地新华书店
**排　　版：** 北京纺印图文设计制作有限公司
**印　　刷：** 北京中科印刷有限公司

**开　　本：** 787 × 1092　　1/16
**印　　张：** 15
**字　　数：** 342 千字
**版　　次：** 2020 年 12 月第 1 版　　2020 年 12 月第 1 次印刷

**ISBN** 978-7-5144-4572-5　　**定价：** 120.00 元

# 序一

习近平总书记指出："不忘历史才能开辟未来，善于继承才能善于创新……只有坚持从历史走向未来，从延续民族文化血脉中开拓前进，我们才能做好今天的事业。"中国优秀传统文化是在漫长的历史长河中历经无数次涤荡和沉淀而形成的思想精髓，蕴藏着无穷的宝藏和无尽的力量。发掘和继承优秀传统文化，是延续中华文明"根"与"魂"的必由之路。与时俱进，推动传统文化不断开拓创新，是中华文明常葆勃勃生机的重要保证。

"国有史，邑有志。"编修地方志是中国特有的文化现象，是中华民族的优秀文化传统。数千年来，连绵不断的志书编修为保护中华民族根脉，传承中华文明发挥了不可替代的作用。中国现存古志有8000余种，占现存古籍的十分之一。中华人民共和国成立以来，编修完成数万种省、市、县三级综合性行政区域志、部门志、行业志、专志等，编纂数万种地方综合年鉴、行业年鉴和专门年鉴等，整理出版数千种历代方志及相关研究成果，发表相当数量的方志理论与年鉴理论研究成果。这既是对我国国情、地情持续开展的大规模普遍调查，也是对各地自然与社会发展状况进行的综合研究，其成果构成了一座丰富的文化资源宝藏，为各级领导科学决策提供了重要参考，为推动经济社会发展和文化建设发挥了重要作用。

当前，中国特色社会主义进入新时代，全国地方志事业也进入新时代。如今的地方志事业围绕党和国家利益、经济社会发展，以人民为中心开拓创新，志、鉴、馆、史"四驾马车"并驾齐驱，志、鉴、馆、网、库、用、会、刊、研、史"十业并举"，加快实现在全国范围内全面推进地方志从一项工作向一项事业转型升级。在党中央、国务院的亲切关怀和各级地方志工作者的共同努力下，一批紧密结合社会发展需求、具有独特创造性的工作逐步开展，涵盖中国名镇志、中国名村志、中国名山志、中国名水志、中国名街志等"名志"系列文化工程是其中代表。作为首个"名志"系列文化工程的中国名镇志文化工程，启动于2015年，至今已是第三个年头。中国名镇志丛书在记述主体上，选择中国历史文化名镇、经济强镇、特色镇等在全国具有影响力和代表性的乡镇，旨在全面展示中国名镇的文化精髓；在内容题材选择上，重在突出不同名镇的“名”和“特”，力求集中体现不同名镇最精彩的部分，增强可读性；在志书编纂程序设置方面，志书申报、篇目设计、专家审读、专家组验收等流程环环相扣，紧密结合，力争把每一部志书都打造成精品佳志。

习近平总书记指出：“历史和现实都表明，一个抛弃了或者背叛了自己历史文化的民族，不仅不可能发展起来，而且很可能上演一场历史悲剧。”2018 年是改革开放 40 周年，40 年来中华大地发生了翻天覆地的变化，乡镇发生了极为深刻的改变，从粗茶淡饭到有机食品，从粗布衣裙到精美时装，从土屋平房到高楼大厦，人民生活水平大大提高，城乡差距不断缩小。然而，在感受辉煌成就的同时，我们也应该看到，许多精巧的古建、精湛的工艺、亲切的乡音、独特的乡俗也在快节奏的发展中与我们渐行渐远，曾经的家乡正逐渐变为记忆中的故园。

党的十九大报告提出乡村振兴战略，此后党中央、国务院又推出一系列重大举措。实施乡村振兴战略，必须全面加强乡村文化建设，培养乡村文化自信，培植文化之“根”，铸牢文化之“魂”。没有乡村文化的高度自信，没有乡村文化的繁荣发展，就难以实现乡村振兴的伟大使命。振兴乡村文化，既要塑形，更要铸魂，必须遵循乡村发展的客观规律，在发展中把文化的精髓保留下来，把乡土味道、乡村风貌的“魂”传承下去。在保留优秀乡村文化内核的基础上，用现代表现方式，把反映时代精神、先进理念的内容通过群众喜闻乐见的文化产品表达出来，才能够让乡土文化具有更强大的生命力。用创新性的模式书写乡镇志，传承和抢救乡土历史文化，激发爱国爱乡情怀，为探索中国特色新型城镇化发展经验、发展模式、发展道路提供历史智慧和现实借鉴，正是实施中国名镇志文化工程的目的和意义所在。

“月是故乡明”。中国人素有“家国情怀”，家乡的山水是最为美丽的，家乡的风俗是充满温暖的，一声亲切的乡音，一口熟悉的家乡菜，都能拨动游子的心弦，让其魂牵梦萦。中国名镇志丛书是一套全面梳理中国名镇历史人文，挖掘文化特色，突出“名”和“特”的镇志。它能让人民群众深刻感受到本土本乡自然的优美、历史的醇厚、人物的杰出、艺文的风雅等，有助于培养人民群众对家乡文化的自信，激发起人民群众浓烈的爱乡爱国情怀，助力国家新型城镇化建设和乡村振兴战略的实施。

是为序。

中国社会科学院院长<br>中国地方志指导小组组长　谢伏瞻

# 序二

连绵不断地编修地方志是我国特有的文化传统，为传承中华文明作出了巨大的贡献。在党中央、国务院的高度重视和支持下，这一古老的文化传统焕发勃勃生机，展现新的活力，成为保存、继承、发扬光大中华优秀传统文化的重要依托，培育和践行社会主义核心价值观的重要媒介，社会主义先进文化建设的重要组成部分，发展中国特色社会主义，增强道路自信、制度自信、理论自信的重要载体，在实现“两个一百年”奋斗目标和中华民族伟大复兴中国梦进程中具有不可替代的地位和作用。

事物总是在不断发展中前进。经过改革开放以来 30 余年的发展，中国特色地方志事业与传统的编修地方志已不可同日而语，形成了志（志书）、鉴（年鉴）、库（地情数据库）、馆（方志馆）、网（地情网站）、刊（期刊）、会（学会）、研（理论研究）、用（开发利用）等多业并举的新格局。截至 2015 年 10 月底，全国编纂完成首轮、二轮省、市、县志书 8000 多种，编修部门志、行业志、专业志、乡镇村志 27000 多种，编纂地方综合年鉴 2300 多种，累计整理旧志 2500 多种，还编纂出版了大量的地情书，字数以百亿计，形成以反映国情、地情为主要内容，全面系统、持续不断、卷帙浩繁的社会科学成果群。另外，还开通了 27 个省级网站、230 个市级网站、816 个县级网站；建成国家方志馆 1 个、省级方志馆 16 个、市级方志馆 86 个、县级方志馆近 300 个。这些成果，成为国家极为重要的文化资源，是国家文化软实力和公共文化服务体系的重要组成部分。

最近几年，地方志工作的触角在不断延伸，部门志、行业志、专业志、特色志、乡镇村志编纂方兴未艾，成为当前地方志事业发展新的增长点和亮点。特别是乡镇志，兴起了编纂热潮，从自发的民间行为逐渐过渡为政府组织的文化行为，有的省份以政府令形式将其纳入地方志编修范畴，像河南省还以省政府办公厅名义要求全省普修乡镇志。乡镇志并不是一个新生事物，据现有资料可考，宋代常棠所撰《澉水志》是现存最早的一部乡镇志。与省、市、县三级志书相比，乡镇志虽属小志，但意义却不小，特别是在当前国家全力推进新型城镇化建设的背景下，乡镇志的作用更显重要。

启动中国名镇志文化工程，是适应当前新型城镇化建设形势发展需要、地方志事业发展形势需要的重要举措，也是充分发挥地方志存史、资政、育人功能的重要手段。作为最基层行政组织的志书，镇志是最接近中国社会发展变迁的国情、地情记录文本，具有重要的历史文献价值。而作为充分反映本区域自然、政治、经济、文化和社会的历史与现状的资料性文献，镇志又能全面展示发展脉络，摸索发展经验，为探索中国乡镇未来发展方向提供借鉴和参考。当然，对于祖祖辈辈生于斯长于斯的中国人来说，故乡就是一个魂牵梦萦的地方，故乡的情怀终生难忘。留得住乡愁，记得住乡思，充分展示名镇文化魅力，激发爱乡、爱国情怀，正是中国名镇志文化工程题中应有之义。

是为序。

中国社会科学院原院长
中国地方志指导小组原组长　王伟光

# 序三

“国有史，邑有志”，中国自古就有注重编史修志的传统。按照我国目前地方志行政法规，国家各级地方志机构的法定职责是编纂省、市、县三级志书，并不包括县以下的乡镇志和村志。这种规定，一方面可能因为全国有数百万自然村落和数万乡镇，全部实行官修很难实现；另一方面可能因为我国历史上就有“皇权止于县”的说法，县以下的民间社会历来是一个以自治为主的领域。然而，改革开放几十年来，我国社会正在发生巨变，这种巨变在基层社会的乡镇、村落、家庭领域更为深刻。作为“乡之首，城之尾”的镇，逐渐被日益崛起的大都市淹没了光彩，村落在快速的城镇化过程中每天都在大量消失，农村家庭的小型化、空巢化趋势非常突出。在这种情况下，我一直在思考，如何留得住历史文化记忆和乡愁，如何把修志的工作向基层社会延伸?

中国人的“家国情怀”，是从“诚意、正心、修身”开始，到实现“齐家、治国、平天下”。所以从国家一统志，省、市、县三级志，到乡镇志、村志、家谱，也是一个完整的系统。

正是在这种背景下，我们决定启动中国名镇志文化工程。乡镇是无数中国人生命的底色和成长的摇篮。如何在城镇化进程中，留得住乡愁，记得住乡音，忘不了乡思，事关城镇化进程的人文关怀和文化保护，事关文化血脉的传承。同时，科学记录城镇化进程，反映城镇化成就，也为今后探索城镇化发展规律、积累经验提供了基本素材。作为全面系统记述一定行政区域的自然、政治、经济、文化和社会的资料性文献，志书是以上功能最好的载体。

我国目前有 4 万多个乡镇，全部修乡镇志还不具备条件。中国名镇志丛书选择的是传统文化名镇、历史军事重镇、革命历史名镇、民族特色名镇、特色经济名镇、旅游景观名镇等类型的乡镇，应该是最具代表性的，在中国乡镇文化传承和社会发展中具有标杆意义。

编纂中国名镇志丛书是对乡土历史文化的保护。随着城镇化进程加快，有不少乡镇被撤并，有些还是在历史上有重要意义的历史文化名镇、特色镇等。如不及时对其历史进行整理、记录，这些重要的历史资料将散佚殆尽。因此，中国名镇志丛书的编纂是对宝贵历史资料的抢救。

编纂中国名镇志丛书是对乡土意识的传承。什么东西有魅力？故乡的山水，乡音乡情的记忆，乡土的气息和家乡菜的味道，不管走到哪里，总是触动心弦。中国名镇志丛书记录的是家乡的山山水水，家乡的历史文化，家乡的风土人情，留住的是乡愁。这些最能激发远方游子和本地民众的爱乡情怀、爱国情怀。

编纂中国名镇志丛书是一种学术探索。镇志的编纂，实质也是一次深入的社会调查研究。“麻雀虽小五脏俱全”，相比省、市、县，乡镇第一手资料的获得需要付出更大的努力。我们也希望在志书编纂上有所创新，使中国名镇志丛书成为一套图文并茂、雅俗共赏的新型志书。

中国社会科学院原副院长
中国地方志指导小组原常务副组长

## 中国名镇志文化工程专家委员会

**名誉主任** 徐匡迪
**主　　任** 谢伏瞻
**常务副主任** 高　翔
**委　　员**（按姓氏笔画排序）

毛其智　叶裕民　李　铁　李善同
杨保军　柳　拯　倪鹏飞　魏后凯

## 中国名镇志文化工程学术委员会

**主　　任** 高　翔
**常务副主任** 冀祥德
**副 主 任** 邱新立
**委　　员**（按姓氏笔画排序）

于伟平　王　晖　王铁鹏　巴兆祥
田　嘉　苏炎灶　李　江　李孝聪
张大伟　张英聘　陈　强　陈泽泓
武　力　和卫国　黄晓勇　潘晨光

## 贵州省凯里市下司镇志编纂委员会

顾　　问　杨承进　吴寿昌　龙青松

主　　任　文生银

副 主 任　龙生才　文　军　龙　俊　熊绍鹏

成　　员　吴丽琼　甘　军　魏秀芬　王培辉　邓造标
王华丽　张天相　彭忠品　蒋建民　龙全国
王日云

特邀专家组　欧阳可　黄海忠　顾先文

## 贵州省凯里市下司镇志编辑部

顾　　问　李元星

主　　编　梁　健

副 主 编　龙全国　杨胜乾　廖毅威　罗东桥　吴亲友
顾荣华　陆　阳　龙福美

执行主编　杨育泽（2017 年 4 月—2019 年 3 月）

总　　纂　黄海忠　顾先文

编　　辑　杨育泽　任才荣　罗显礼

编　　务　顾满红　淳于春梅

苗文校对　潘朝林

图片提供　杨育泽　李　勋　徐兴胜　杨爱青

苗族长桌宴　　　　许应娟　摄

# 中国名镇志丛书凡例

一、以马克思列宁主义、毛泽东思想、邓小平理论、“三个代表”重要思想、科学发展观、习近平新时代中国特色社会主义思想为指导，坚持辩证唯物主义和历史唯物主义的立场、观点和方法，存真求实，全面、客观、系统记述中国名镇城镇化进程和改革开放成果，传承和抢救乡土历史文化，激发爱国爱乡情怀，留住乡愁，为探索中国特色新型城镇化建设、服务乡村振兴战略提供历史智慧和现实借鉴。

二、为全面反映入志事物发展脉络，各志上限追溯至事物发端，下限一般断至各镇志启动编修年份，个别重大事项可延至搁笔。详今明古，着重反映时代特色和地方特点，重点体现各镇的“名”与“特”。

三、记述地域范围以下限年份的行政辖区为主。为体现名镇在更大区域内的意义，可以从更开阔的区域视野记述与该镇相关的内容。

四、统一采用纲目体，设类目、分目、条目三个层次。横排门类，纵述史实，述而不论。

五、综合运用述、记、志、传、图、表、录等各种体裁，以志体为主。体裁运用适当创新，篇目设置不求面面俱到，一般意义上的乡镇级内容略去不载。

六、除引用文字和附录文献资料外，统一使用规范的现代语体文记述，行文力求朴实、严谨、简洁、流畅、优美，具有较强可读性。

七、人物部类遵循“生不立传”原则，人物传主按生年排序，只选录对本镇发展有重大影响的人物，不面面俱到。

八、各项数据一般采用国家统计部门数据。数据缺乏的，采用主管部门或主办单位正式提供的数据。

九、数字用法、标点符号、计量单位分别执行国家标准《出版物上数字用法》（GB/T 15835—2011）、《标点符号用法》（GB/T 15834—2011）、《国际单位制及其应用》（GB 3100—1993）和《有关量、单位、符号的一般原则》（GB 3101—1993）。历史上使用的计量单位，如斗、石、里、尺、磅、华氏度等，在引文时可照录。考虑到社会使用习惯，全书中亩不统一换算。

十、中华民国成立前的纪年，使用朝代年号纪年，括注公元年份；中华民国成立后的纪年，均使用公元纪年。志中所称“解放前（后）”，以该镇解放日为界；“新中国成立前（后）”，以中华人民共和国成立日 1949 年 10 月 1 日为界；“改革开放前（后）”，以 1978 年 12 月中共十一届三中全会召开为界。本志“××年代”，凡未加世纪者，均指 20 世纪。

十一、为节省篇幅，避免重复，本志采用条目互见法。参见条目的表示形式为：参见本志“××类目·××分目·××条目”。

十二、对旧志、古籍中的繁体字、冷僻字一般用简化字或通用字替换，易引起误解的则保留。

十三、记述各个历史时期的党派、机构、职务、地名等，均以当时的名称为准。对频繁使用的名称，首次用全称并括注简称，其后用简称。

十四、各镇志需要单独说明的事项，均在各自编纂始末中记述。

# 下司镇在中国的位置

下司镇
凯里
贵阳
贵州省
北京
天津
乌鲁木齐
新疆维吾尔自治区
西藏自治区
拉萨
青海省
西宁
甘肃省
兰州
宁夏回族自治区
银川
内蒙古自治区
呼和浩特
黑龙江省
哈尔滨
吉林省
长春
辽宁省
沈阳
北京市
天津市
河北省
石家庄
山西省
太原
山东省
济南
陕西省
西安
河南省
郑州
江苏省
南京
上海
上海市
安徽省
合肥
四川省
成都
重庆市
重庆
湖北省
武汉
浙江省
杭州
湖南省
长沙
江西省
南昌
福建省
福州
台湾省
台北
台湾岛
钓鱼岛
赤尾屿
云南省
昆明
广西壮族自治区
南宁
广东省
广州
香港
澳门
东沙群岛
海南省
海口
海南岛
西沙群岛
永兴岛
中沙群岛
黄岩岛
南沙群岛
曾母暗沙
黄河
长江
渤海
黄海
东海
南海
图 例
北京 首都
天津 省级行政中心
未定 国界
省、自治区、直辖市界
特别行政区界
名镇(乡)所在区域
名镇(乡)
1：32 000 000
审图号：GS（2020）6436 号

## 下司镇在贵州省的位置

遵义市
铜仁市
毕节市
贵阳市
六盘水市
安顺市
黔东南苗族侗族自治州
黔南布依族苗族自治州
黔西南布依族苗族自治州
下司镇
凯里
贵阳
遵义
铜仁
毕节
六盘水
安顺
都匀
兴义
图例
贵阳 省级行政中心
凯里 自治州行政中心
铜仁 地级行政中心
绵屏 县级行政中心
省界
地级界
名镇(乡)所在区域
名镇(乡)
1∶3 600 000
审图号：GS（2020）6436 号

# 下司镇地图

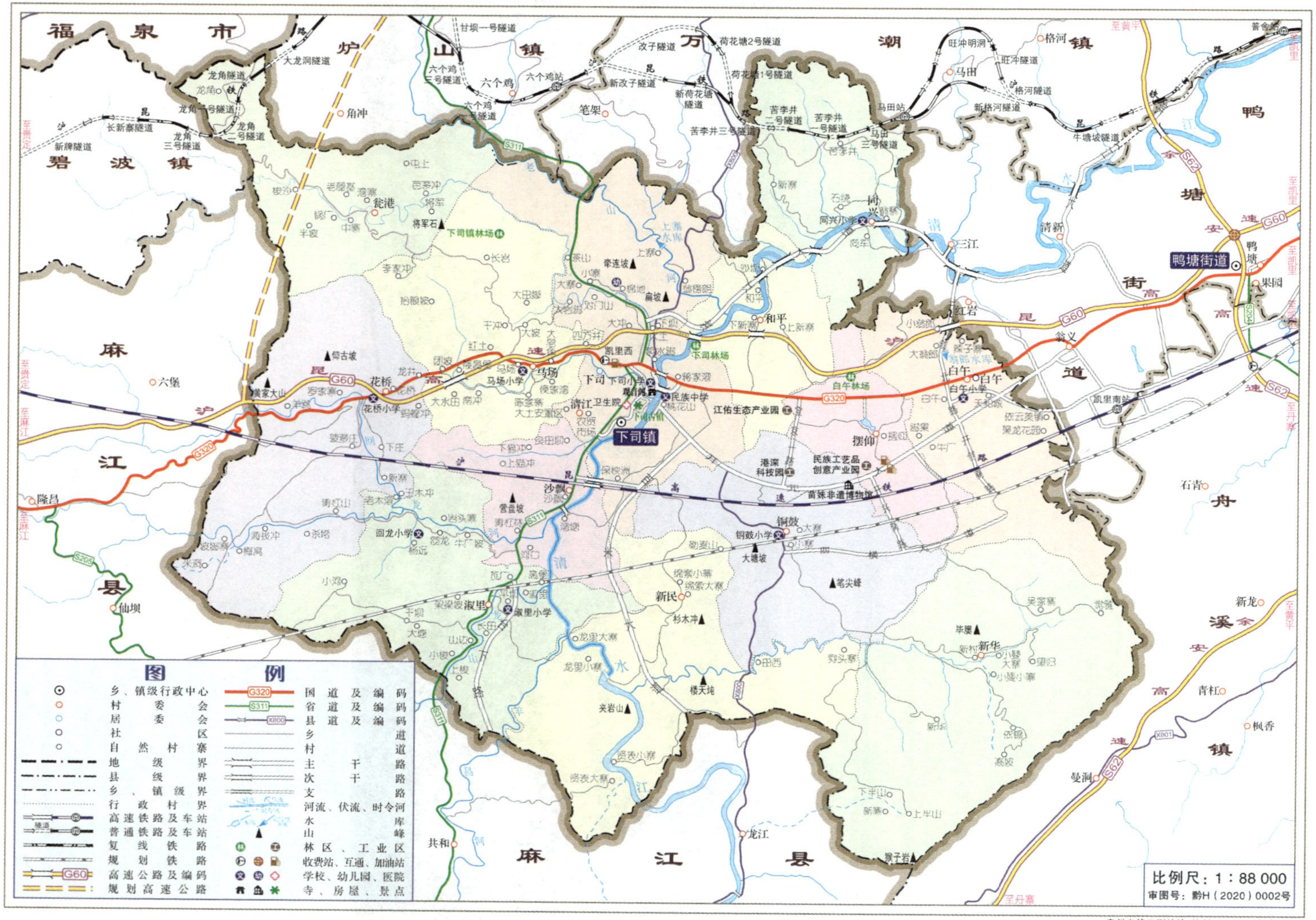


贵州省第三测绘院 编制 二〇二〇年十一月

下司古镇全景（2017 年）

张旭东　摄

铜鼓苗寨（2017 年）

蒋建民　摄

龙里仫佬寨（2017 年）

蒋建民　摄

古镇大门（2017 年）　　顾先文　摄

古镇夜景（2017 年）　　蒋建民　摄

第六届亚洲皮划艇激流回旋锦标赛场地（2016 年）　　左鸿富　摄

水上游艇（2017 年）　　苏志平　摄

水上急速（2017 年） 李勋 摄

# 目录

# 黔东南重镇　水韵下司

江边古镇下司（2017 年）　　顾先文　摄

下司，一座因水而生、因水而兴、因水而美的小镇！

清朝时期，下司码头商业地位日渐显现。清嘉庆十三年（1808），下司商埠开放。湖南、湖北、江西等水客云集而至，为下司带来物美价廉的英丹布、棉花、棉纱、食盐、瓷器，他们又在当地收购贵州、云南的桐籽、桐油、黄豆、五倍子、杜仲、牛皮、生猪等土特产。清后期，下司建立“水津巡逻武备”“司递邮传”“商场调解所”，办有下司造船厂。清宣统二年（1910），成立“贵州省商会下司分会”，下司成为贵州省重要的商品集散地。商帮云集，商号行栈纷纷开设，百业兴旺，下司被称为“麻哈州十二道场之首，东北五水路之一”。

1926 年前后，下司工商业繁荣，建有“护商队”和“下司厘金局”。下司交易商品中还出现大量的洋布、洋油、洋火等。白天，商船停泊众多，商人、船夫、马帮和工人穿梭如织；夜间，灯火通明，人声鼎沸，餐馆、酒楼通宵达旦，素有“人烟辐辏地，歌吹不夜城”之形容，被誉为“小上海”。

1949 年前夕，下司的工商业发展保持繁荣，建有“下司镇工人联合会”，工商业发展达到晚清以来的第二次高峰，也成就了一批叱咤风云的巨商。

1949—1980 年，随着公路、铁路建设加快，特别是湘黔铁路建成通车，下司的水

下司风光（2017 年）

上运输业渐渐冷清，但仍有小船渡人、货来物往等景象。

20 世纪 90 年代后，随着下司旅游业的兴起和发展，尤其是历届全省性、全国性水上龙舟大赛在此举办，吸引无数游客到此观光旅游。2012 年，“凯（凯里）麻（麻江）同城化”发展战略实施，这座处于麻江县、凯里市中心位置的小镇先后被列为贵州省“双百”小城镇建设试点镇、贵州省风景名胜区、贵州省经济建设强镇，成为黔东南苗族侗族自治州开发打造的重点旅游集散地。2013 年，下司古镇开发建设会战序幕拉开，

杨小俊　摄

依托厚重的商埠文化、独特的山水风光和浓郁的民族风情，以“天造山水、人文下司”为定位，重点修缮风雨桥、两湖会馆、阳明书院等古镇遗迹。2014年，一座“望得见山，看得见水，记得住乡愁”的下司古镇以崭新的面貌呈现在世人眼前。

下司风情浓郁，节会纷呈。银饰、蜡染、苗绣做工精致，民族特色鲜明，芦笙舞、板凳舞、粑糟舞欢快、粗放、激昂，芦笙节、仫佬节、闹冲节、游方节、斗牛节和龙舟赛节会纷呈、热闹壮观，铜鼓苗族农民画淳朴自然、自由奔放。

下司地肥水美、物产丰富。“下司犬”闻名国内外，下司河鱼、下司生态野鸭肥美鲜香，家喻户晓。草莓、蓝莓种植闯出一条现代化高效农业的发展之路。

下司碧水满江、追帆竞浪。自20世纪90年代以来，成功举办多次全省性和全国性龙舟大赛，建有贵州省龙舟训练基地，培养出众多优秀队员，多次参加全国性大赛并取得好成绩。下司还有“贵州唯一、亚洲少有、世界一流”的皮划艇激流回旋基地，被授予“全国少数民族传统体育示范基地”和“贵州省第一个少数民族体育村”称号，被誉为“水上体育之乡”。

下司美食荟萃、独特飘香。明清以来，民族饮食文化交会融合、创新发展。“下司酸汤鱼”“下司草烧狗肉”“下司干锅野鸭”“下司带皮牛肉”等美食深受青睐，名满一方。

下司水陆相依、景色秀丽。古镇周围多处景点星罗棋布，有苗寨、仫佬寨、田园、峡谷、松群竹林等，下司被列为省级风景名胜区和国家AAAA级旅游景区。

下司道路交错、交通便利。“大码头”和“小码头”在下司历史上书写了水上交通的辉煌，如今凯麻高速、沪昆高铁和320国道过境，村村通公路，交通便利。

下司钟灵毓秀、人杰地灵。自晚清以来，一批仁人志士从码头出发，远渡他乡，精忠报国。1912年，下司籍青年学生张先培，在北京的东华门参加刺杀袁世凯事件，最终坚贞不屈、英勇就义。1916年，黔军护国将领吴传声，在反对帝制的战火中，壮烈牺牲在湖南沅州战场上。此外，还有担任过黔军第五师师长兼重庆卫戍司令的吴厚安，捐资抗日的晚清举人、书画家罗毓湘，执“省城经济牛耳”的贵州近代巨商周绍阳，女革命者刘启仪和投身于社会主义建设事业的贵州省原副省长胡贤生。

下司人敢立潮头、乘风破浪。历届镇党委、镇政府立足长远，团结和带领全镇各族人民抓住机遇、开拓进取、奋勇争先，积极投身于家乡建设，并在经济建设和社会各项事业上不断取得新的成绩。下司镇草莓示范园2015年被列为贵州省高效农业示范园区。下司镇农业观光园成为全国农业旅游观光示范点。下司镇先后获得贵州省“双百”小城镇建设试点镇和国家卫生镇等荣誉称号。

滔滔河水流不尽，一方儿女竞风流。

这，就是清水江码头！这，就是水韵下司！

# 基本镇情

下司镇位于凯里市的西南部，为贵州省黔东南苗族侗族自治州“西大门”第一重镇。地理位置优越，气候宜人，物产丰富。下司有汉族、苗族、畲族、仫佬族、侗族、壮族、彝族、藏族、布依族、白族、哈尼族、傣族、仡佬族、佤族、水族、回族、维吾尔族、东乡族、土族、满族、朝鲜族、土家族、瑶族、黎族、毛南族、景颇族26个民族。

下司夜景（2017 年）　龙福美　提供

## 区位区划

**地理位置**　下司镇位于长江支流沅江干流上源清水江上游马尾河段，地处贵州省黔东南苗族侗族自治州凯里市偏西南部，东连凯里市的舟溪镇和鸭塘街道，西邻贵州省麻江县杏山镇，南接贵州省麻江县宣威镇、龙山乡，北抵贵州省福泉市和凯里市万潮镇，跨北纬 26° 26′ 29″ ～ 26° 34′ 3″ 、东经 107° 42′ 3″ ～ 107° 53′ 9″ 。镇域东西相距 17.5 千米，南北相距 12.5 千米，总面积 151.13 平方千米。镇中心东距黔东南苗族侗族自治州州府所在地凯里市 17 千米，西距麻江县县城 25 千米、距省会贵阳市 170 千米，

江边古镇（2016 年）　顾顺先　摄

西南距黔南布依族苗族自治州州府所在地都匀市 38 千米。境内有 320 国道、凯麻高速公路贯穿东西，司辰公路从南至北从镇域中心穿过，株六铁路复线、湘黔铁路、沪昆高铁经过镇西北境内。

**地名由来**　清代，为削弱土司势力，在平定长官司的司东另立“下司”和“铜鼓司”两个分司，名“下司铜鼓联司”，下司从此得名。下司的苗语地名为“丢生”，词义无考。

**历史沿革**　秦始皇三十三年（前 214），隶象郡。汉隶牂牁且兰县。隋大业三年（607），隶牂牁郡宾化县。唐贞观四年（630），隶黔州都督府洋州。宋大观二年（1108），隶都云定云安抚司。宋绍兴二十七年（1157）五月，置麻哈平查安抚司，隶都云定云安抚司。元至元二十九年（1292），隶定远府。明洪武十六年（1383），置麻哈长官司，隶贵州都指挥使司属平越卫。洪武二十二年（1389）置平定长官司，属平越卫。明弘治七年（1494）五月，改隶麻哈州。

1914 年 1 月，属麻哈县东区。

1931 年 3 月，麻江县行政建制调整，始置下司镇，属麻江县六区。

1949 年 12 月 12 日，下司区人民政府建立，辖下司镇、宣威镇和白午、大中、笔架、龙山、隆昌 5 个乡，72 个保。

1956 年 7 月 23 日，下司区随麻江县从都匀专区划归黔东南苗族侗族自治州。9 月，下司区辖隆堡、回龙、铜鼓、德新、白午、大中、青曼 7 个乡。

平定长官司印章（2017 年）　杨育泽　摄

1958 年 9 月，下司区建立白午、下司公社，下司公社辖清江、德新、桃花山、隆堡、瓮港、回龙、长江、新江高级社。10 月，撤销下司区，建立红旗公社。12 月，撤销麻江县，合建凯里县，红旗公社并入凯里县。

1961 年 11 月，撤销一区一社及其下辖的管理区，恢复下司区，隶属凯里县。

1962 年 10 月，下司区划回麻江县。年末，撤销下司区。1963 年 2 月，恢复下司区。下司区辖下司、隆堡、回龙、铜鼓、白午 5 个公社，25 个大队，227 个生产队。

1983 年 2 月，下司区白午公社清新、翁义、岩寨大队划归凯里市。

1984 年 7 月，撤销下司公社，恢复下司镇。下司区公所建制不变。

1992 年 3 月，建镇并乡撤区，撤销下司区，组建下司镇。回龙、铜鼓、白午乡并入下司镇。

2013 年 1 月，下司镇由凯里经济开发区托管。

2014 年 9 月，下司镇划归凯里市管辖，辖清江村、马场村、花桥村、瓮港村、淑里村、沙漂村、白午村、摆仰村、同兴村、铜鼓村、和平村、新华村、新民村和下司社区、白午社区。

**村庄社区**

**清江村**　位于镇境中部，马尾河的两岸，为下司镇人民政府所在地。村委会驻古镇新街的清江大楼。2004 年，由清江村委会、桃花村委会和德兴村委会合并而成，辖下司、桃花山、保秧洲、蒋家湾、棉地、大冲、响水、大寨、小寨、弯子、岩脚、茶山、唐坎、下坝、翁榜朗上寨、翁榜朗下寨 16 个自然寨，有 13 个村民小组 1088 户 4670 人，是一个苗族、汉族和仫佬族等多民族聚居的村落。区域面积 21519.9 亩，其中耕地 2837.98 亩。2017 年，蔬菜种植年产值 8500 万余元，日交易量达 3000 千克以上。20 世纪 90 年代以来，清江村先后被中共贵州省委评为“先进基层党组织”，被中共贵州省委、贵州省人民政府评为“文明单位”。2016 年，获中央电视台评选的“中国十大最美乡村”

清江村办公大楼（2017 年） 杨育泽 摄

提名奖，同年被国家旅游局授予“乡村旅游示范村”称号。

**马场村** 位于镇境中西部，东临清江村，西南邻花桥村，南与沙飘村接壤，北抵炉山镇六个鸡村、万潮镇笔架村。明清时期，建有屯堡，有“马场”民间集市。晚清和民国时期，成为下司码头西线商道第一个驿站。2004 年，由马场村委会、隆堡村委会和大坡村委会合并而成，辖大皂角、侯家湾、四方井、陈家寨、桐子冲、蒋家湾、马场、隆堡、大水田、南冲、杨陡坡、抬粮坡、南冲、李家冲、大坡、红土、干冲、长岩、大

马场村办公大楼（2017 年） 顾先文 摄

田脚19个自然寨，有16个村民小组968户3986人。有苗族、汉族和仫佬族等民族。2017年，全村区域面积4215亩，其中耕地面积2449.14亩。蔬菜和草莓种植为主导产业。2017年，全村人均可支配收入达8300元。大坡豆腐和大坡扫帚为主要特产。

**花桥村** 位于镇境西部，西连麻江县杏山镇的隆昌村和六堡村，南抵麻江县龙山镇的孟江村，东北接马场村。2004年，由花桥村委会、长江村委会合并而成，辖羊跳、罗家寨、龙井、蚂蝗冲、下庄、湾子、新寨、波罗庄、花桥、米洞、坡脚湾、海拔、青杠山、上下大寨、中小寨15个自然寨，有14个村民小组807户3599人，有汉族、畲族等民族。2017年，全村区域面积9300亩，其中耕地2425.09亩。有320国道和凯（凯里）麻（麻江）高速公路横贯全境。村委会驻花桥。2011年，被中共贵州省委授予“先进基层党组织”称号。

**瓮港村** 位于镇境西北部，南邻花桥村、马场村，东北连清江村，北抵炉山镇角冲村接壤，距镇政府驻地7.5千米。辖湾寨、中寨、锅厂、老屋基、芭茅冲、将军、屯上、龙角、半坡9个自然寨，有7个村民小组312户1219人。有仫佬族、苗族、汉族和畲族等民族。村委会驻湾寨。区域面积16095亩，耕地面积1498亩。

**淑里村** 位于镇境南部，南邻麻江县龙山镇孟江村，西接花桥村，北抵沙飘村，东连新民村。明清时期，设有“淑里堡”。2004年，由淑里村委会、回龙村委会合并而成，

淑里村办公大楼（2017年） 杨育泽 摄

辖淑里堡、平坝、长田坎、上梭、小梭、高堡、回龙、杨远、牛厂坡、岩头寨、小河、架梁坡、大塘13个自然寨，有24个村民小组1284户4130人。有仫佬族、苗族和汉族等民族，其中少数民族人口约占74%。村委会驻淑里，距镇政府驻地5千米。区域面积20805亩，耕地面积6541.4亩。2016年，被贵州省爱国卫生运动委员会办公室授予“贵州省卫生村”称号。2017年，集体经济累计达23万元。同年，被贵州省精神文明建设指导委员会授予“全省创建文明村工作先进村”称号。

**新民村**　位于境镇东南部，境内马尾河的上游，东临新华村，西连淑里村，南接麻江县龙江村、共和村，北抵清江村，东北接壤铜鼓村。2004年，由新民村委会和龙里村委会合并而成，辖棉索上寨、棉索下寨、勒麦山、狗头寨、田西、龙里大寨、龙里小寨、贤表大寨、贤表小寨9个自然寨，有10个村民小组514户2024人。有苗族、仫佬

新民村办公大楼　　杨育泽　摄

族等民族，其中仫佬族人口占总人口的72%。村委会驻新民，距镇政府9千米。区域面积14250亩，其中耕地面积1697.1亩。

**新华村** 地处镇境东南部，东与舟溪镇接壤，西连新民村，北抵铜鼓村，南接麻江县宣威镇龙江村，位于凤凰山（又名“长岭岗”）的西北面山腰上。主峰凤凰山海拔1274米，为全镇最高点。2004年，由东山村委会、新华村委会合并而成，辖小漫小寨、小漫大寨、依锡、望归、觉雅、吴家寨、上半山、下半山、朱史寨、新村、高坡11个自然寨，有22个村民小组849户3220人。有苗族、汉族等民族，其中苗族人口占总人口的98%。村委会驻朱史寨，区域面积44820亩，其中耕地面积1787亩。境内主产玉米、水稻、红薯、辣椒、金秋梨、橘子、油菜和马铃薯。

**沙飘村** 位于镇境西南部，东邻新民村、铜鼓村，西连花桥村，南接淑里村，北抵马场村、清江村。马尾河穿村而过，有吊桥横跨河道，全村居于两岸。辖沙飘、河口、周家桥、湾塘、老猫冲、良田坝6个自然寨，有6个村民小组352户1456人。村委会驻沙飘，距镇政府驻地1.5千米。境内风光秀丽，有桃源岛、月亮岛和紫薇岛等景点。区域面积8773.95亩，其中耕地面积881亩。

**铜鼓村** 村位于镇境东南部。东南邻新华村，东北临摆仰村，西接新民村，南连新华村。辖1个自然寨，有8个村民小组624户2879人，苗族人口占总人口的98%。在历史上，因系苗族“哩家”和“哥家”两大族系组合而成，故称“哩哥”（音译）。区域面积7860亩，其中耕地面积2900亩。清代时，建有土司分司，名“铜鼓司”。1991年，被文化部命名为“中国现代民间绘画画乡”，同年被列为贵州省东线旅游民族村寨。

**摆仰村** 位于镇境东部，村委会驻摆仰，距镇政府驻地4千米，距320国道1千米，东临白午村，南接铜鼓村、新华村，西连和平村、清江社区，北与同兴村接壤。区域面积约6000亩，其中耕地面积310余亩。辖1个自然村寨，有4个村民小组326户1238人，其中苗族人口占总人口的98%。摆仰村始祖为元至元年间迁入，苗族风情浓郁。1992年，被列为贵州省东线旅游民族村寨。

**白午村** 位于镇境东部，东邻鸭塘街道翁义村，西连摆仰村、和平村，南接铜鼓村、新华村，北抵鸭塘街道翁义村。辖辣子寨、白午、脚果、翁郎大寨、翁郎小寨、牛厂6个自然寨，有8个村民小组608户2481人，其中苗族人口占总人口的91%。村委会驻白午，距镇政府驻地3千米。区域面积15053.4亩，其中耕地面积4267.2亩。2017年，被贵州省精神文明建设指导委员会授予“全省创建文明村先进工作村”称号。

**和平村**　位于镇境东北部，东邻同兴村，西南连清江村，北抵杨柳塘 320 国道。区域面积 6500 亩，其中耕地面积 885 亩。辖沙坝、上新寨、下新寨、和平 4 个自然寨，有 6 个村民小组 432 户 1769 人，以苗族人口为主。

**同兴村**　位于镇境东北部，傍江而居，沿岸风光优美。其西面与和平村相邻，东面与鸭塘街道红岩村接壤，西北面、东北面分别与万潮镇的荷花村、马田村相接。村内有滨江大道沿江穿村而过。马尾河出境处海拔 576 米，为全镇的最低点。区域面积 7545 亩，其中耕地面积 1200 亩。辖同车、瓮寨、石绕、新寨、苦李井 5 个自然寨，有 10 个村民小组 436 户 1742 人，以苗族人口为主。

**白午社区**　2015 年 3 月成立。辖区范围东至中昊大道、高新大道，西至州群众服务中心主干道，南至开发区中学、开发区环城南路，北至凯麻高速以南、清平小区。辖 14 个居民小区有 2671 户 8123 人，辖 81 家企事业单位。2017 年，辖区内白午移民新城搬

白午生态移民社区服务中心（2017 年）　　杨育泽　摄

迁登记入住 1639 户 5379 人。

**下司社区** 位于镇区中心。2017 年，有 707 户 1486 人，其中流出人口 164 人、流入人口 299 人。

## 自然环境

**地貌** 境内多为低山丘陵地，地势总体为西南高东北低，呈倾斜地带，平均海拔 724 米。东南面新华村的大岭岗主峰凤凰山海拔 1274 米，为全镇最高点；西面边缘的海水坡、虫蚁坡次之；东北面同兴村马尾河出境处海拔为 576 米，为全镇最低点。境内土壤多为黄壤，pH 值为 6.7 ~ 7.3。

**气候物候**

**气候特征** 下司属于黔中亚热带季风湿润气候区，有半年以上时间（4—9 月）受到来自西太平洋偏南暖湿气流影响，具有四季分明、光水热同季、降水较为充沛的特点。其中，以夏、冬季天数最长，秋季最短，春季次之。年平均降水量为 1195.9 毫米，无霜期达 290 ~ 301 天。

**气温** 境内年平均气温为 16.3℃。通常一年中 1 月最冷，月平均气温为 5.7℃；7 月最热，月平均气温为 25.6℃。境内最高气温为 38.3℃，最低气温为 −8.3℃。6 月上旬即入夏，夏季持续时间达 113 天。

**日照** 境内日照时数年平均 1161.2 小时左右，占可照时数约 26%。一年之中，2 月日照时数最少，只有 38 ~ 52 小时，随后逐月增多，7—8 月出现最高值 166.6 小时，随后逐月减少到次年 2 月，其间出现最低值为 44.1 小时。

**湿度** 境内降雨时间较长，空气湿度大，年平均相对湿度 80%，每年 2—7 月绝对湿度递增，7 月最大为 82%，8 月至次年 1 月湿度递减。一日之中，相对湿度上午高、中午低。

山川地貌（2017年）

蒋建民 摄

**物候** 下司水稻播种期为4月10—20日，抽穗期为7月20—31日，收割期为9月1—15日。桃树开花期为3月10—15日。下司始见燕子为3月16—21日，终见燕子为9月24—29日。

**气候灾害** 境内立春过后，时有北方冷空气（寒流）通过境内，气温急骤下降，阴雨纷纷，形成“春寒”影响玉米苗和水稻秧苗。常在6月下旬和7月上旬突降暴雨，河水陡涨，冲毁或淹没庄稼。7月中旬至8月，多晴少雨，出现“伏旱”，农作物缺水以至禾苗枯干无法抽穗扬花。9—10月时雨时晴，甚至阴雨绵绵，妨碍收割和谷晒。

### 自然资源

**土地资源** 全镇国土总面积为22.67万亩，其中农用地面积为19.78万亩（耕地面积4.84万亩，园地面积3326.1亩，林地面积7.81万亩，牧草地4.75万亩，其他农用地2.05万亩），建设用地面积7871.9亩，未利用地面积2.09万亩。

**水资源** 镇境内马尾河段为清水江的干流，于新民村纳羊昌河、淑里村纳龙山河、沙飘村湾塘寨纳回龙河，折过东北过下司古镇纳下坝河，向东流经同兴村出镇境。河段全长11.45千米，流域面积达3230.8亩，平均流量为45立方米/秒，落差约400余米。支流中，流域面积在20平方千米以上的有羊昌河、龙山河、回龙河和下坝河；在20平方千米以下的有隆昌堡、老山、翁米冲、摆仰、和平、白辣冲、石绕等河溪。

**矿产资源** 境内蕴藏着丰富的重晶石、硅、铁、铅、锌等矿物。新华村有重晶石储藏量约150万吨，含硫酸钡达94.71%~99.3%；新华村有方解石，储藏量500万吨左右；苦李井有铅锌矿，质量好，地表多氧化，含铅（Pb）0.01% ~ 40%、锌（Zn）1.78% ~ 37.8%，并伴生有银（Ag）、镓（Ga）、锗（Ge）等元素，易分选，储量大；白云岩分布于寒武系地层中，岩性为浅灰中厚尾细粒白云岩，多见气孔状白云石晶洞，含氧化镁20.91% ~ 21.41%、氧化钙29.57% ~ 45.86%。其厚数百米，盖层薄，方解石结晶程度高，矿石纯正洁白。

# 人口　民族

**人口总量**　1964年，全国第二次人口普查，下司区有4171户17621人；1982年，全国第三次人口普查，下司区有5764户28856人；1990年，全国第四次人口普查，下司区有6135户28377人；2017年年末，下司镇常住人口有8965户35861人。

1964—2017年部分年份下司镇人口统计表

表1　　单位：户、人

| 年份 | 户数 | 人口 | | |
|---|---|---|---|---|
| | | 总人口 | 男 | 女 |
| 1964 | 4171 | 17621 | 8825 | 8796 |
| 1982 | 5764 | 28856 | 14505 | 14351 |
| 1990 | 6135 | 28377 | 14588 | 13789 |
| 2017 | 8965 | 35861 | 18930 | 16931 |

说明：此表1964年、1982年人口包括1983年2月划入凯里市的下司区白午公社清新、翁义、岩寨大队人口

## 姓氏组成

**姓氏人口**　境内姓氏，2017年有文、王、龙、潘、赵、杨、金、罗、李、张、汪、周、顾、任、孙、吴、蒋、钱、胡、邹、娄、徐、甘、蒙、陈、田、何、瞿、刘、俞、陆、黄、韦、姜、江、莫、廖、向、高、黎、苏、赖、贾、桂、夏、粟、范、郑、谢、薛、石、唐、阮、程、彭、毛、兰、辜、梁、邓、龚、孟、谭、曾、魏、欧、严、卢、涂、钟、樊、柏、申、熊、吕宋、安、冉、付、朱、毕、郃、柳、席、时、侯、孔、厉、艾、倪、聂、贺、许、曹、满、施、郭、易、秦、林、乐、骆、模、代103个姓氏。其中，1000人以上的姓氏有9个，分别为：文姓3800人、王姓3092人、龙姓2649人、潘姓2452人、赵姓2267人、杨姓2219人、金姓1729人、罗姓1575人、李姓1239人。

**主要姓氏**　文姓　有仫佬族文氏和苗族文氏。仫佬族文氏自明代起，主要居住于新

民村龙里寨。20 世纪 80 年代末，龙里文氏组建男女龙舟队，在全国历次大赛中夺得冠军；苗族文氏主要聚居于摆仰村。1992 年《麻江县志》记载："摆仰文姓苗族按'子父连名制'推算，文姓祖先名莽（Mangx 音译）定居已繁衍生息 25 代，为元至元年间迁入，距今已有 700 余年。" 2017 年，文姓人口 3800 人。

赵姓　苗族，居住于铜鼓村，属苗族内部宗支类别中的"西氏"宗支中的"兄抗"分支。于元末明初年间迁入。明清时期，曾有"赵氏稳，河外安"之说（时称东岸苗区为"河外"）。清代，平定长官司设置分司"铜鼓司"时，由赵氏担任土司官。2017 年，赵姓人口 2267 人。

吴姓　苗族，居住于清江村。于明洪武二十二年（1389）置平定长官司时担任土司官。清代设置下司分司时，自平定村迁入一支担任土司官。其间，族人做过修建驿道、疏浚河道、征粮纳税和维护社会安定等事。2017 年，吴姓有人口 130 人。

张姓　汉族，居于瓮港村，为武将名门。明朝洪武年间，由入黔始祖张聚率兵征战进入贵州。明清时期，族内先后出现 6 名将军，其中张聚诰授"武威将军"，张骠诰授"武略将军"，张有材、张云和张再兴诰授"振威将军"，张梁诰授"建威将军"。民国时期，有在辛亥革命中刺杀袁世凯的张先培。2017 年，张姓人口 703 人。

蒋姓　汉族，居于清江村的蒋家湾。清雍正年间，入黔始祖蒋鸿模自江西省丰城县到下司经商，二世祖组织修建驿道，三世祖组织疏浚马尾河，四世祖于清乾隆四十四年（1779）出资修建大码头，五世祖蒋正龙于清嘉庆十三年（1808）出资扩建大码头，修成大渡。曾竖有"蒋家码头"石碑。2017 年，蒋姓人口有 127 人。

**世居民族**

**苗族**　自称"嘎闹"，为境内人口最多的世居民族，历史上有语言，没有文字，属汉藏语系苗瑶语族苗语支。现使用的苗文，系中华人民共和国成立后，组织语言学家用拉丁字母创造的拼音文字。下司苗语属"黔东方言"（中部方言）。下司苗族有风格独特的服饰文化，有丰富多彩的歌谣、传说、故事、音乐、舞蹈等民间文学艺术，有挑花、刺绣、织锦等民间技艺。苗族信仰包括自然崇拜、图腾崇拜、鬼神崇拜、祖先崇拜等。节日有芦笙节、闹冲节、吃新节和爬坡节等，少数村寨还保留过苗年的习俗。2017 年，全镇苗族人口 23077 人，占全镇总人口的 64.35%。

**汉族**　当地又称"客家人"，为下司境内人口数量位居第二位的世居民族。下司汉族在长期生产生活中形成独特的地方方言——下司话；主要歌谣有山歌、情歌、酒歌等；

下司苗族中年妇女　　杨育泽　摄

节日有春节、元宵节、清明节、端午节、中元节、中秋节等。2017 年，全镇汉族人口 4991 人，占全镇总人口的 13.92%。

**仫佬族**　自称“木佬”“嘎窝”，主要分布在清江村、瓮港村、新民村、花桥村，为下司最早入境居住世居民族。其原为“木佬人”，1993 年根据民族意愿，认定为仫佬族。曾有仫佬语，但没有文字。仫佬族聚居连片，每个自然村寨有几十户至百余户。传统节日有仫佬年、撵社节、牛寿节、仫佬认定节等，每年农历十月第一个卯（兔）日，为最隆重的“仫佬年”。歌谣种类较多，有酒歌、情歌、古歌、地名歌、祭祖歌、姊妹歌、姑妈歌、苦歌等。民间传说内容丰富。2017 年，全镇仫佬族人口 4590 人，占全镇总人口的 12.8 %。

下司仫佬族妇女（2014 年）　　杨爱青　提供

下司畲族男子（2015 年） 赵华甫 提供

**畲族** 自称“嘎梦”“山哈”，主要分布在花桥村，为境内人口较少的世居民族。有语言，但没有文字，多数人还会说畲语。原称为“东家”，1996 年根据本民族意愿，认定为畲族。早期，畲族有“议榔”组织，一般一寨一议榔，也有数寨联合组织的议榔。歌谣有山歌、情歌、酒歌、叙事歌等。畲族“粑槽舞”“畲族武术”“凤凰装”特色突出。节日有祭祖节、敬桥节、四月八、中秋节、重阳节等，尤以祭祖节最为盛大。2017 年，全镇畲族人口 2259 人，占全镇总人口的 6.3%。

## 镇域经济

**发展概述** 明清时期，下司水码头商贸地位日益凸显，成为贵州东南部重要商业口岸。清嘉庆十三年（1808），下司商埠正式开放。清代后期，办有“下司造船厂”等。清宣统二年（1910），成立有“贵州省商会下司分会”，商号行栈纷纷开设。1914 年，全镇商号、店铺、客栈等 50 余家。1918 年，商业从业户数达 197 户，从业人员达 583 人，资金量达 21.7 万银圆。1926 年前后，全镇工商业繁盛状态达到巅峰，建有“护商队”

和“下司厘金局”等。1949 年前夕，全镇的工商业发展仍然保持繁荣状态，建有“下司镇工人联合会”等。

新中国成立后，特别是中共十一届三中全会以来，随着改革开放的不断深入和西部大开发政策的实施，下司镇坚持以经济建设为中心，坚持改革开放，经济结构不断优化，农业、商贸、旅游业等协调发展，镇域经济实力迅速提升，各行各业发生了深刻变化。

农业产业结构逐渐优化。20 世纪 80 年代后，随着当地群众因地制宜大力发展多种反季节蔬菜和特色农业，农业产业结构发生很大变化，形成以蔬菜、草莓、蓝莓等为主的现代化农业产业。

商业贸易发展快速。1995 年，下司的批发零售商达 453 家，全年营业额达到 900 余万元。2014 年，全镇有成型的批发零售企业 11 家，从业人员 56 人，年营业额 4721.9 万元，同比增长 41.8%；有批发零售个体户 713 户，从业人员 1714 人，年营业额 4869 万元。“十二五”期间，全镇共有批发零售商 1000 多户，营业额累计达 9.79 亿元。2017 年，有批发零售企业 53 家，从业人员 156 人，年营业额 1.33 亿元；有批发零售个体户 1016 户，从业人员 1210 人，年营业额 1.42 亿元。

旅游产业快速兴起。20 世纪 90 年代后期，下司旅游业逐渐升温。2013 年 9 月后，下司以打造古镇文化、休闲度假、农耕体验观光、人文景观、民族风情、水上运动、特色餐饮等为主的旅游经济发展战略形成，旅游经济快速增长。2013 年，接待游客 160.26 万人次，旅游综合收入 1.6 亿元。2017 年，接待游客 344.1 万人次，综合旅游收入 3.62 亿元。

进入 21 世纪后，下司镇加大农业产业化调整力度，发展非公有制经济，大力发展旅游业，镇域经济不断壮大。2017 年，全镇国民生产总值 5.03 亿元，农民人均纯收入 7918.33 元。

**第一产业**

下司种植主要以水稻、玉米、小麦、大豆、红薯、马铃薯（洋芋）等为主的粮食作物和以烤烟、油菜籽、花生等为主的经济作物。20 世纪 80 年代后，随着当地群众大力发展反季节蔬菜种植，全镇步入农业现代化发展之路，产业结构发生很大变化，形成以蔬菜、瓜果种植等为主的农业产业化。“十二五”期间，全镇创建商品蔬菜基地 2 个，蔬菜试验基地 13 个，创建示范点 10 个，注册农民专业合作社 12 个，创建家庭

花桥村盛产的番茄（2014 年）　　杨育泽　摄

同兴村现代农业基地（2017 年）　　杨育泽　摄

农场 22 个，申报无公害农产品认证 1 种，完成有机食品认证 1 种、产地认定 2 个，获得商标证书 1 个。

**蔬菜种植**　全镇蔬菜生产主要分布在马场、隆堡、大坡、花桥、长江、沙飘、淑里和回龙等村寨。2008 年，蔬菜种植面积 9800 亩，其中"春提早"蔬菜 4000 亩、夏秋反季节蔬菜 1300 亩、"秋延晚"蔬菜 4500 亩，供应量占凯里市市场份额的 50%。2015 年，

花桥村蔬菜基地（2017 年）　　顾先文　摄

蔬菜种植面积达 11530.9 亩，总产值达 7166.59 万元。2016 年，全镇富农特色农业专业合作社申报的无公害蔬菜产地和无公害果品产地均通过审核，获“贵州省无公害农产品产地认定证书”。2017 年，蔬菜种植面积达 2.9 万亩，总产值达 8500 万元。

**水产养殖** 全镇水域面积较大，其中马尾河下司段长 11.45 千米。下坝河、回龙河、龙山河等支流的下司段总长 45.2 千米；有山塘 2 口。水田总面积达 8634.47 亩。1965 年以前，全镇的水产产量以捕捞河流自然鱼类为主，养殖鱼类为辅。1965 年后，养殖鱼类开始起步，产量逐渐上升。1980 年，渔业产量上升。1981 年，江河捕捞量达 5148 千克，长期作业在河流捕捞鱼类出售的农民达 20 余人，利用小格网、撒网、鱼叉、垂钓捕鱼的小木船多达 50 余艘。1983 年以后，稻田、山塘水库养鱼产量逐步上升。1987 年，养殖产量达 4100 千克。1990 年，黔东南州水产站、麻江县农业局水产站联合在下司镇德兴、隆堡进行稻田养鱼高产试验，带动全镇稻田养鱼面积大幅增加，达 1364 亩。2005 年，全镇稻田养鱼面积达 1600 亩，鱼类产量 4.64 万千克，比 1990 年增加 126%。“十二五”期间，全镇水产业得到进一步发展，总产量达 12 万千克。2017 年，全镇水产总产量达 6.12 万千克。

**草莓种植** 20 世纪 90 年代，下司镇引进红颜、法兰地、章姬和太空 208 等草莓新优品种栽培试验，筛选品质优、抗性强、适性好的品种。2015 年，从江苏宿迁等地引

草莓种植基地（2017 年） 袁蕊倩 提供

进黑巴克、星都一号、白牛奶、攀缘、菠萝莓、赛娃、美特莱、丰香、甜查理、美本巨早、美香莎、莱克特、高斯克 13 个新优品种进行栽培比对。草莓种植采摘基地主要分布于花桥、马场、沙飘、淑里、清江等村，种植面积 3459 亩，是贵州省较大的草莓连片种植基地和露天观光采摘基地。2015 年，下司镇草莓生态园成功申报“贵州省现代高效农业示范园区”。2017 年，下司草莓通过国家无公害农产品认证。

**蓝莓种植** 20 世纪 90 年代，麻江县引进美国佛罗里达州北部的 6 个蓝莓品种进行栽培试验。2003 年，引入兔耳、北高丛、南高丛和半高丛 4 大类 33 个品种，筛选出适宜本地山区种植的兔眼蓝莓等 8 个优良品种。2011 年 6 月，在下司举办第二季“麻江 · 下司蓝莓节”采摘体验游活动。2017 年，全镇蓝莓种植面积 1000 亩，主要分布于马场、沙飘、新民、淑里、花桥和瓮港等村寨，产鲜果 2.5 万千克，年产值达 150 余万元。

**黑树莓种植** 黑树莓为原产于美国的浆果类果树，为落叶小灌木。其果实呈椭圆形，成串成簇，成熟时呈紫黑色，香甜多汁，富含营养，为国内外兴起的第三代水果之一。2006 年，下司淑里等村引进黑树莓试种成功。2017 年，全镇种植面积达 500 余亩。

**红心猕猴桃种植** 红心猕猴桃属猕猴桃中的红肉猕猴桃变种，为特早熟红心品种，集食用与药用为一体。果实较大，果肉细嫩，浓甜可口，香气浓郁，营养丰富。2011 年下司镇试种成功。2017 年，在沙飘村、花桥村和马场村种植面积 700 余亩，产品销往周边地区。

**“五黑食品”种植** “五黑”食品分别为黑米、黑玉米、黑花生、黑豆（黑大豆）和黑马铃薯。黑米呈黑色或黑褐色，外观呈长椭圆形，为非糯性稻米，含有蛋白质、碳水

黑树莓 杨爱青 提供

红心猕猴桃 金家燕 摄

化合物等元素，营养丰富，食、药用价值高。黑玉米外观乌黑发亮，籽粒富含微量元素和植物蛋白质等成分，营养含量明显高于其他谷类作物。黑花生富含维生素、氨基酸等营养成分。黑豆富含维生素、卵磷脂等成分。黑马铃薯富含蛋白质等成分。

“五黑食品”：黑花生（左上）、黑豆（左下）、黑马铃薯（中）、黑玉米（右上）、黑米（右下）

顾先文　摄

2013 年，在瓮港村试种成功。2017 年，种植面积达近 300 亩。

### 第二产业

**造船业**　清代和民国初期，下司官办的造船厂鼎盛一时。造船厂最初设在青狮河岸，后迁至大河边，有工人 100 余人。每年维修的旧船只 5000 艘，打制的新船只五六百艘，多为较小的“两舱船”和较大的“五舱船”。打制的新船材质均以老龄杉木为原料，辅以铁钉、麻丝、石灰、桐油等，工艺有选料、备料、断料、配料、破板、分板、拼板、投船、打麻油船等 9 道，均为手工。因坚固、耐用、轻便且吃水浅、能载重、轻巧灵敏，深受欢迎。直到民国末期，下司造船业逐渐消失。

**磨坊粮食加工**　下司凡有小溪或大河的村寨都设有水磨坊（又称水碾坊、碾子坊），一般占地约 30 平方米，内安装有石碾槽、石碾、石磨等，而坊外和坊底下，则安装有水车、齿轮、轴杆等。青狮到响水脚河段大约 1500 米内，两岸有水磨坊 10 余家，水磨坊加工的米质好，尤以磨出的面粉加工面条口感最佳。每天可加工大米约 1000 千克，可加工面粉约 250 千克。20 世纪 90 年代后，粮食加工以家庭电动机械加工为主，逐渐

水磨坊　　杨育泽　提供

代替水磨坊加工，水磨坊消失。

油榨坊 杨育泽 提供

**榨油业** 下司盛产油菜籽、茶籽和桐子等。明清时，居民的植物油（主要有菜油和桐油两类）就依靠榨油坊加工。榨油菜籽要经过炒籽、碾籽、包饼和榨油等工序，一般50千克油菜籽出油18千克。民国时，境内有油榨坊五六家，分布于古镇、湾塘、德兴、花桥等处。榨出的菜油和茶油质量上乘、细腻纯香，享誉省内外。1980年后，榨油业逐渐消失。

**面条加工** 民国初期，下司手工面条加工作坊30余家，其中，四川籍人周氏面条作坊生产的手拉银丝空心面条远销武汉、上海等地。1931年，四川籍商人王机石开办机制面条厂，雇工三五人，日夜生产，生产规模大。1936年，成立下司复兴面厂，有工人16名，年产面条近4万千克，远销凯里、麻江、都匀和丹寨等地。之后，又有下司人王吉珍等人创办的平摇机制加工作坊。1949年，下司从事手摇机制面条有10余家。1953年，实行粮食统购统销，只允许生产队副业人员加工面条，面条质量下降。再后，下司粮管

下司面条街（2017年） 蒋建民 摄

所设立“面条加工作坊”，面条全部凭购粮证或粮票搭配供应给城镇居民，农民很难购买。1981年粮食市场开放后，私人面条加工作坊迅速恢复发展。2004年，清江村有16家作坊，年产面条60万千克。2011年，有私人面条加工厂40余家，户均日加工325千克，主要集中在“前进路”和“新街路”，畅销贵阳、凯里、麻江、都匀等地。2017年，全镇有加工户168户，年产面条1000余万千克，产值6000余万元，户均年收入25万元。

**玻璃制造业** 1939年，有外商在下司龙场坳处建玻璃制造厂，专门生产平板玻璃和日用玻璃等，厂房为木瓦房，内建熔窑等。生产工艺包括配料、熔制、成型、退火等工序，产品主要用于房屋装潢材料。该厂于1941年亏损破产。

**卷烟业** 1945年，下司有手工卷烟作坊1家，卷制“黄金龙”等品牌香烟。1946年，下司手工卷烟作坊增至10家，从业人员100余人，年产“六合”“清水江”牌香烟4800箱。1948年，货币贬值，卷烟作坊相继倒闭。1951年4月，下司开办新中卷烟厂，有职工17人，总产卷烟480箱，生产“企鹅”“红炮台”“农村乐”等品牌卷烟。因产品无销路，于当年8月停产。

**棺木行业** 自清代起，下司的棺木行较为兴旺。民国时，开办的棺木行有大码头的吴鸿轩、孟光头、孟坤元和陆家弯的夏吉祥（号必庆）。料子均用上乘大杉木，组构有底子3块、墙子2块、盖子1块、回头2个。每个棺木行，都设有加工场地和用于存放棺木的房子或棚子。下司棺木年产达上千盒，畅销周边县区，也有省外达官贵人专程前去定制。改革开放后，下司棺木行业消失。

**嫁奁木行业** 下司嫁奁木行又称“细木匠”。民国时，最早开张的是马路街的“唐汉臣木行”。后被小河湾的唐义和吞并。唐义和所制嫁妆精细、美观、牢实，远销四方。此外，马路街的申友清、曾德臣和曾德生开的木行也很有名，所制的架子床和雕刻的桌、椅、凳、柜等，畅销省内外。全镇每年产出的优质嫁奁近千件。建房造屋以小河湾的宋木匠最为出名，人称“宋大师”，大码头街的吊脚楼以及下司小学呈“王”字形的校舍、大坡村的“周家大院”等，均为宋木匠及其弟子们设计建造。每年建房20余栋。

民国时期打制的梳妆台构件
杨育泽 提供

**纺织业** 1945年，下司天宫纺织厂创办，厂址设在大街，有女工30人，人力铁制织布机2台、倒纱机4台，主要生产棉织土布，因时局动荡、原料棉纱购进困难，开工不足一年即停办。1951年，下司合营纺织厂创办，厂址设在小街（今下排街），有职工18人，织布机15架，主要生产土棉布。1956年，下司棉织生产合作社、下司棉花生产小组建立，合营纺织厂停办。1958年，3个纺织小组（设）共有职工28人，完成产值1.66万元。1962年工业调整，下司纺织生产合作社停办。1963年，下司弹棉花生产小组停办，农村仅有部分少数民族家庭生产土布并使用。

**第三产业**

**旅游业** 20世纪90年代起，下司旅游产业快速兴起。2005年，全镇有“农家乐”72家。2006年，全镇接待游客达50万人次，旅游综合收入3100万元。2013年9月，“凯麻同城化”的实施，下司以旅游为主线的经济发展形成，2013年接待游客160.26万人次，旅游综合收入1.6亿元。2014年，接待游客80.26万人次，旅游综合收入达1.9亿元。2015年，接待游客220.3万人次，旅游综合收入2.32亿元。“十二五”期间，全镇游客数累计达269.91万人次，接待各类客商考察团230余次，接待人数达9000人次，旅游综合收入累计52.56亿元。2016年，接待游客325.01万人次，旅游综合收入达3.5亿元。2017年，接待游客344.1万人次，实现旅游综合收入3.62亿元。

**零售业** 自清雍正七年（1729）起，下司逐渐成为物流集散地。商业贸易日渐兴隆。最早兴起和交易量较大的是木商。清嘉庆十三年（1808），正式开辟商埠。清光绪年间，江西刘同庆开设的庆元丰，经营有黄州布、棉花、棉纱和桐油等，流动资金达10多万银圆。湖南湘乡的杨天成经营花纱布，并收购牛皮、五倍子、杜仲等土特产品外销。湖南客商张文斋、张省斋开设怡兴斋，尹华生、尹琴生开设湘华利。每逢集市，总成交额达5万银圆以上。下司建有江西会馆、两湖同馆、福建会馆和江浙会馆等商业会馆。清宣统二年（1910），贵州商会在下司建立商业分会，有20多家商号。

1914年，下司有商号、店铺、旅栈等50余家。1918年，商户达197户，从业人员583人，资金量21.75万银圆。1930年，成立“下司旅栈同业公会”，有会员47户。1941年6月，部分商人联合开办“下司保证责任合作社”，开设商号有益强公司、华新盛、协和成、华彰、盈丰庄、新昌、康记、顺记、安记、新大隆、惠中、庆记、复记和裕通等，开办商行有谦益、义利、集义、伟业、新风、宏大等，开设货栈有友诚堆栈和向永记堆栈等。

民国时期的老柜台（2017 年） 顾先文 摄

1949 年后，民间集市有场坝、小街和新街 3 处赶场点。1965 年，下司有乡镇集市 3 个点，成交量 250 余万元。自 20 世纪 80 年代，全镇商业贸易快速发展，农副产品成交量 600 余万元。1995 年，批发零售商达到 453 家，全年营业额 900 余万元。2014 年，全镇有成型的批发零售企业 11 家，从业人员 56 人，年营业额 4721.9 万元，同比增长 41.8%；有批发零售个体户 713 户，从业人员 1714 人，年营业额 4869 万元，同比增长 39.2%；有商品交易市场 2 个，年成交总额 7500 万元。“十二五”期间，全镇共有批发零售商 1000 多户，营业额累计达 9.79 亿元。2017 年，有批发零售企业 53 家，从业人员 156 人，年营业额 1.33 亿元；有批发零售个体户 1016 户，从业人员 1210 人，年营业额 1.42 亿元。赶集日农副产品成交量可达 43 万元。

**水上运输业** 明清时期，下司出现水上运输业，而大规模的水上运输则始于清雍正年间，且一直兴旺到 1940 年前后，长达 210 余年。高峰期时，年吞吐量达到 3 万吨。1934 年，商船日常出入三五百只，时有近千艘，铺满河面，上抵青狮河，下至牛屁股（地名）。1951 年，下司成立船业工会，有个体船工 138 人，木船 58 艘。1952 年 3 月，船业工会改称船业运输站；11 月，贵州省交通厅内河航运管理局在下司设立航运管理站，纳入国家计划，实行统一货源、统一运价、统一结算，并负责查处航运事故。1953 年，从事营运的个体木船 213 艘，完成货运量 180 万千克，客运量 3739 人次，木排流放量 5600 立方米。1956 年，成立下司安全航运生产合作社，有木船 82 艘，完成运货量

二十世纪六七十年代的清水江水运业 单洪根 提供

250 万千克，客运量 2494 人次，木排流放量 4670 立方米。1958 年，下司安全航运生产合作社过渡为地方国营企业，称“麻江县运输营水上运输连”，有木船 172 艘，完成货运量 1100 万千克，客运量 1046 人次。1959 年，下司航务管理站改为航务管理组，水上运输连并入凯里县航运大队。1960 年 6 月，下司大桥通车，航运业逐渐衰退。1962 年，航务人员下放回乡，部分剩余人员从事个体专业短途运输。1975 年后，相继修筑清水江拦河坝和龙里大坝，长途水上运输终止，下司航务管理组撤销。2005 年，境内沿江上用于农业生产运输的木质自用船只 157 艘，旅游客运木质游船 20 艘。2017 年，境内沿江上用于农业生产运输的自用船只 108 艘，旅游船只 136 艘。

**马帮** 明清时期，下司马帮驮运业兴起。大规模的马帮则兴盛在清雍正年间。高峰期时，每年驮运量达 3000 万千克。常年来往的有云南马帮、贵阳马帮、安顺马帮、毕节马帮和麻江、下司当地马帮等，其中规模最大、路线最长的为云南马帮，一般有二三百匹，多达近千匹，并有长途挑夫数百人同行，常年驮运于“下司—贵阳—云南、

马帮塑像（2017 年）　顾先文　摄

遗存的马鞍、马镫、铜铃（2017 年）　顾先文　摄

四川”驿道上，驮运的货物主要有大米、食盐、桐油、棉纱、布匹和贡品等。马帮自带帐篷、烙锅，野营露宿。新中国成立后，客、货运输由公路、铁路承担，取代驿运，马帮逐渐消失。20 世纪 70 年代，下司马帮多为生产队副业人员，主要在国营红云器材厂、国营新云器材厂从事石料运输。

**骡马店**　清代和民国时期，下司马帮来往众多，因而催生了专门饲养寄放牲口的旅店——骡马店，民国后期，开设骡马店的有金国龙、金国印、黄炳元、石斗巴、龚正品等 10 余家。马店的楼脚设喂马房，楼上设客房，提供食宿、茶水、开水等服务。新中国成立后，骡马店消失。

**武馆**　自清代起，由于下司商人众多，时局混乱，催生多家武馆。民国时，湖南桃源武师向吉权（人称“向打匠”）在街上开设武馆授徒，俗称“开厂”。当地苗族武师潘治成（贵州省麻江县龙山乡大塘村人，人称“潘打匠”）也“开厂”授徒。他们一般各自开设 5 ~ 6 个厂，每个厂授艺 20 余人。下司及周边乡村有众多青少年拜师学艺。1950 年后，武馆业消失。

**洗染业**　自清代起，下司就有洗染业。民国时，有罗安平、龚德清和罗安邦等 4 家，分别位于上庄门、陆家弯、大街和小街四处。作坊一般设在自家房内、房前或屋后空地。其染料“靛”为有机染料，深蓝色，染后不易褪色。染房里放有染缸、石板和碾石等。洗染的布料来自湖南，每匹长 12 米，洗染的有青、蓝、黑等颜色。全镇每年可洗出七八千匹，并上市销售。1958 年后，除少数家庭自染自用外，染坊基本消失。

**制衣业** 晚清和民国时期，下司街上先后出现手工裁缝铺和机制缝纫铺。民国时，较早的手工裁缝铺有大码头的谢三妈、大街的马定珍和李氏等四五家。铺设于家中，承接街坊邻里来料加工。加工衣物主要有长、短对襟衣衫和便裤等，均为手工缝制，针线均匀，整体大方，穿着舒适。后因机制缝纫铺兴起而萧条。1930 年，贵州省台江县的李云峰、李云慕兄弟购缝纫机一台，在下司街上场坝开设“李氏兄弟裁缝铺”。二人技艺娴熟，且当时青年人流行穿中山服，铺子门庭若市，生意兴隆。20 世纪 80 年代，下司出现多家缝纫机裁缝铺。到 2017 年，裁缝铺消失。

# 社会发展

## 社会事业

**教育** 私塾教育 在明清两代，下司私塾教育就已出现。清光绪二年（1876），朱史寨（今新华村）开办第一所苗寨塾馆，直至 1937 年，朱史寨私塾馆中断前，先后教习、讲授《四书》《五经》《国语读本》《三民主义文范》等，学生最多时达 28 人。1908 年，隆堡、大坡、回龙等村寨办有私塾馆。1931 年，下司范梓才于小街创办女子私塾馆，学生近 30 人。

学前教育 1959 年，麻江县文教科拨款 500 元在下司小学开办学前班，以《小朋友》作为语文课本，自编 20 以内加减法作算术教材，为全县首创，招收学前儿童 50 人，1966 年停办，1977 年恢复，招生 50 余人。1978 年，铜鼓公社新华大队首办农村幼儿园，次年停办。1982 年，下司镇人民政府幼儿园开办，入园幼儿 60 余人。1983 年，下司中心学校开设学前班，有入学儿童 50 余人。1987 年，铜鼓乡开办幼儿园，入园儿童达 40 余人。1987 年，全镇开办学前班的学校 7 所，入学儿童计 300 余人。1990 年后，所有小学均开设学前班，入学儿童每年均保持在 600 ~ 800 名之间，课程安排有语文、计算、思想品德、常识、美术、音乐、体育等，每节课时 30 分钟。2002 年，下司第一所私办幼儿园“蓝天幼儿园”开办，每年招入园儿童100余人，2005年停办。2017年，全镇有幼儿园17所，其中公办幼儿园4所、民办幼儿园13所，专任教师35人、民办教师207人，3～6周岁在园（班）幼儿1952人，入园（班）率达86.21%。

小学教育　清光绪三十二年（1906），下司创办务本小学堂设在万寿宫。清光绪三十四年（1908），知州吴祖悌将务本小学堂改称下司两等小学堂。宣统元年（1909）下司两等小学堂从万寿宫迁入营盘坡。宣统二年（1910）改称北区两等小学校。1917年称下司两级小学校，1924年因滇军祸黔停办。1927年复课，更名为下司高初级两级小学校。1934年，更名为下司完全小学校。1937年改称下司镇中心国民学校。民国时期，下司的白午、铜鼓、大中、同车、花桥等先后开办国民小学。1932年，在任炳阳等人倡导下，创办下司两级女子小学校，下司女子私塾并入，设于江西会馆内，1933年，学校增设高级部，命名为“麻江县国立第二两级女子小学”。1940年，下司两级女子小学并入下司中心国民学校。同年，周绍阳在下司大坡创办私立慈母小学，学生300人，学生免交学费、课本费。1944年，慈母小学停办。1949年12月，及各村国民小学由人民政府正式接管。1950年下司中心国民学校更名为下司小学。1952年，各村相继开办教学点。1953年，公办学校有下司、马场、花桥、回龙、铜鼓、白午等学校。1957年，在少数民族聚居的铜鼓、白午开展“双语”（苗语和汉语）教学。1978年后，学校恢复正常教学秩序。1992年4月，全镇划分为下司、铜鼓、回龙、白午教学片。2000年，白午小

民国时期下司小学教学楼（1998年）　　陈林　摄

下司小学（2017 年） 杨育泽 摄

学划归凯里经济开发区，部分学校撤并建，完全小学保留同车、铜鼓、下司、马场、花桥、回龙、淑里 7 所，其余均为初级小学或教学点。2004 年 1 月，铜鼓、同车、摆仰、和平和苦李井 5 所划归凯里经济开发区。2006 年，全镇划分为下司、回龙、马场 3 个教学片，有完全小学 5 所、初级小学 2 所，教学点 10 所。2017 年，全镇有小学 7 所，其中镇级中心小学 1 所、村级中心小学 2 所、村级完全小学 4 所，专任教师 147 人，在校生 2548 人。

中学教育　1956 年 9 月，下司小学创办初中班，招收初中一年级新生 104 人。1958 年 3 月，下司中学成立。1995 年，全校在校学生 716 人，教职工 44 人。1995 年 6 月，下司中学更名为“下司民族中学”。1995 年 7 月，学生龙森以全县第一、全州第二的中考成绩考入凯里一中（后考入清华大学，为恢复高考以来，麻江全县考入清华大学第一人）。2000 年，全校开设 13 个班，在校学生 762 人，在职教职工有 57 人。2017 年，全镇有中学 1 所，专任教师 146 人，在校生 1897 人。其中初中生 1347 人，高中生 550 人，初中入学率 93%。

职业教育　1965 年 12 月，麻江县在下司设立麻江县半农半读卫生学校，有 142 名学生就读，学制 1 年，1966 年停办。

教育设施　清宣统元年（1909），湖南客商袁广同置下营盘坡地一块 10 余亩，赠予“务本学堂”作建校用地。同年，建“下司两等小学堂”校舍，位于营盘坡顶上，为 3 栋 6 间木楼；1947 年，下司商人周绍阳捐款修建下司小学，砖木结构一楼一底房屋，设 1 个大礼堂和 4 个教室，面积约 400 平方米；1953 年，下司小学增建砖木结构一楼一底

下司民族中学校舍（2017 年） 杨育泽 摄

教学楼 2 栋，面积 640 平方米，可设 8 个教室。1957 年，修建下司小学附设初中班校舍，位于桃花山，占地面积 1.67 万平方米。1978 年，贵州省麻江县政府拨款，改建下司中学一楼一底钢筋混凝土教学楼 1 栋，面积 300 平方米，可设教室 4 个。2011 年，下司小学有教学楼 3 幢，教室 31 个，学校占地面积 8.9 万平方米，校舍占地面积 3394 平方米。2016 年，下司民族中学建成使用，位于桃花山上，校区占地面积 133 余亩，建筑总面积 2.9 万余平方米，其中教学用房总建筑面积 1.37 万平方米、生活用房总建筑面积 1.45 万平方米、运动场建筑面积 1.7 万平方米，有 36 个教室，项目总投资 6926 万元。1984 年，麻江县妇联和下司镇人民政府共同出资，新建 1 栋占地 254 平方米的幼儿园。2015 年，位于城西城市综合体内的下司幼儿园建成投入使用，占地面积 1 万平方米，建筑面

铜鼓村小学（2017 年） 杨育泽 摄

积 3641.3 平方米。

**卫生** 清光绪年间，江西籍人余德泰创办“济州堂”，诊病开方。1940 年 12 月，下司建立全县首家乡镇公立卫生所。1952 年 9 月，建下司区卫生所。1954 年，改为下司区中心卫生所。1968 年秋，县部分医务人员到下司公社蹲点，协助卫生所开展防病治病工作。2014 年，全镇有卫生院 1 所，有执业医师、执业助理医师和注册护士卫生技术人员 62 人，有病床 57 张，有村级卫生室 20 所，有村级卫生员 21 人。2017 年，下司中心卫生院占地面积 3.13 万平方米，建筑面积 5000 平方米。

**居民生活**

**收入** 新中国成立前，下司镇基本以农业、渔业、商业、手工业为主。新中国成立后，农、渔生产及商业服务有较大的发展，人民生活逐步提高。不同行业的居民收入差距逐渐缩小，城镇居民收入总体高于农村居民收入。改革开放后，实行农村土地承包到户，实行多种经营，搞活农村经济。20 世纪 80 年代后，随着当地群众大力发展多种反季节蔬菜种植和特色农业，产业结构发生很大变化，形成以蔬菜、草莓、蓝莓等为主的农业产业发展格局，农民收入大幅增长。20 世纪 90 年代起，下司旅游业渐成升温。进入 21 世纪后，旅游业快速发展，产业机构进一步升级优化，农民人均纯收入迅速提升。

白午社区卫生服务站（2017 年） 杨育泽 摄

2017 年，下司镇农民人均纯收入达到 7918.3 元。

**消费** 20 世纪 80 年代前，境内居民收入微薄，消费水平低，吃、穿、住仍处于自给自足的状态。80 年代初期，居民开始用上手表、自行车、缝纫机。80 年代后，随着人民生活水平的提高，消费支出日益增加。重大消费支出主要是购置收录机、电风扇、黑白电视机、洗衣机、电饭锅、照相机等。90 年代后，多数家庭购买彩电、冰箱、空调、组合音响、摄像机、电脑、手机等。2000 年后，境内不少家庭开始购买轿车。2017 年，境内城镇居民和农民消费水平差距越来越小。

**饮食** 境内居民主食大米，辅以玉米、小麦及薯类，喜食酸、辣食品。各户必备辣椒、酸汤、盐菜、霉豆腐等食物。炒菜加酸、辣味，汤菜必备“蘸水”（用辣椒面、盐、葱和蒜，加少许汤汁调制而成）。冬至以后，尤其是时近年关，家家户户腌制腊肉、香肠、血豆腐，有“腊月腊八，腌鸡腌鸭”的俚语。苗族、仫佬族、畲族喜食糯米饭，且将其作为婚期、行亲、待客的主要食品和礼品，过年时用来打糍粑。少数民族成年男子喜爱饮酒，多为自酿自饮，以大米、玉米或红薯为原料酿造，有“客至必饮”的独特礼节。席间都要猜拳行令，妇女敬酒，以歌助兴，表达敬意。

1949 年后，尤其是 20 世纪 80 年代，随着生活条件提高，下司各民族的饮食质量不断提升，且互相融合。苗族的酸、辣、腌与汉族的炒、蒸、煎、卤相结合；汉族食品中的臭豆腐、霉豆腐、卤肉、煎饼、辣酱，烹饪方式中的油炸、清炖、干锅、爆炒等，不断被少数民族民众接受；而苗族、仫佬族的酸汤、腌汤等，也逐渐被汉族民众认可。

腊肉（2017 年） 顾先文 摄

**居住** 元代以来，下司少数民族多是依山傍水，聚族面居，一寨一姓或数姓一寨，单家独户居住极少。苗族居住的房屋以吊脚楼房为主，人住楼上，楼下饲养畜禽。畲族、仫佬族的住房多为一楼一底三开间木房，木瓦结构。村周围种植树木、修竹，绿树成荫，翠竹环绕，环境优美。明代以来，下司汉族住房具有明显的江南特色，少数富裕人家则建有徽派四合院；清朝时期，一度流行“印子房”，富裕人家则建有四合深宅大院。

进入21世纪后，下司民居修建有砖木结构和砖混结构房子，逐渐取代“吊脚楼”“印子房”。2017年，除古镇核心区许多民居还保留古建筑的特征外，村民普遍建起多楼层砖混结构的房子，并用墙砖、地板砖、大理石、铝合金和玻璃等进行内外装修，人们的居住环境和住房建筑形式变化较大。

**出行** 元代以来，下司出行以水路乘船或驿道步行为主。1935年，“陆下公路”“黔桂公路”开通，少数下司人乘车出行。

1949年后，公路建设越来越多，人们多骑自行车、摩托车或乘坐公交车出行。2000年后部分家庭开始购置轿车。2017年，开通6条公交车线路，其中2条直达凯里市区。此外，可乘坐出租车往来于凯里市区与下司古镇之间，出行十分便利。

铜鼓村民居（2017年） 杨育泽 摄

# 镇区建设

## 交通设施

**水路** 民国《贵州通史》记载清水江“河床多礁石浅滩，江岸纤道又有岩石荆棘阻碍，水运通而不畅”。自清雍正七年（1729）起，清水江得到多次疏浚，水上运输畅通，且运输货船吨位上升，在马尾河段建有大码头和小码头。渡口置有渡船 1 艘用于居民过江，渡工 1 名，其中以大码头渡口最为繁忙，渡工日常 2 人，洪水期时 3 人。1960 年下司大桥通车，码头渡口逐渐停渡。

**陆路** 明清时期，下司驿道向西，经花桥、虫蚁坡、翁榜朗（今隆昌）、滥坝、麻江可达贵阳，向东经白午、翁义、鸭塘可达凯里，路面多为块石铺砌。1935年，陆（陆家桥）下（下司）公路通车。1946 年，陆（陆家桥）谷（谷硐）公路建成。1947 年，司（下司）榕（榕江）公路动工修建，境内路段自下司经白午、钉耙山、石猛、大中至舟溪。

新中国成立后，镇村公路迅速发展。1960 年，修建由蒋家湾改道顺东面坡脚至大石

老渡口（2000 年） 下司镇人民政府 提供

炉下公路（2017 年） 顾先文 摄

长江片区乡村公路（2017 年） 杨育泽 摄

滚的公路。1970 年，对虫蚁坡路进行改线，次年 12 月通车，1990 年，纳入上海至昆明公路，属国道 320 线。1960 年，修建下司至翁保折向咸宁路段，作为铁路施工便道，是年 11 月，作为乡村便道。1985 年 10 月，麻江县政府以粮、棉折款 81 万元补助扩建，1987 年 10 月竣工通车，时称下（下司）宣（宣威）公路。2002 年，下司清江大道建成，沥青路面通至台辰，改称司辰公路。

修建镇区到各个乡村公路。1958 年，下司至龙江公路通车。1970 年，下司至马田公路通车。1975 年，周家桥至百沙井公路通车。1975 年，和平至杨柳塘公路通车。1984 年，马场经大坡至瓮港公路、回龙至长江公路通车。2005 年，铜鼓至新民公路通车。“十二五”期间，全镇通村公路建设完成 24.7 千米，实现村村通水泥路（柏油路）。

修建镇区 7 条专用公路。1970 年，下司至湘黔铁路马田站的公路通车。1975 年，下司至龙里电站公路通车。2005 年，下司至新华、东山等重晶石、白云石矿区的 5 条公路通车。

2003 年，凯麻高速公路竣工，在镇区北面的万人坟设下司站。2018 年 1 月，更名为凯里西站。2015 年 6 月，沪昆高铁过镇境。2014 年，炉山至下司快速通道建成通车。2015 年 7 月，凯里滨江大道全线通车。2016 年 11 月，凯（凯里）都（都匀）大道开工修建。2017 年，投资修建“百米大道”，北起开司大道，南至新民村北侧。

**桥梁** 镇区内最早的便民桥出现于清代。民国时期，桥梁增多。1954—1959 年，麻江县人民政府拨款在大码头江面上修建一座 150 多米的浮桥，方便东岸村民上缴公粮。1960 年 6 月，由贵州省交通厅公路局拨款 13 万元修建的下司大桥竣工通车。1968 年，贵州省公路局再次拨款 38 万元将下司大桥改造为双曲拱引桥，于次年 7 月通车，桥长 134 米，高 11.5 米，车道宽 7 米；2016 年 12 月，由贵州开元城投集团投资 1.36 亿元修建的下司新大桥开通。2017 年 12 月，由贵州开元集团建设总投资 1.66 亿元的下司太阳岛大桥建成通车。

凯麻高速公路下司站　　顾先文　摄

下司新大桥（2017 年）　　蒋建民　摄

太阳岛大桥（2017 年）　　蒋建民　摄

芦笙广场（2017 年）　杨爱青　摄

**文体设施**　1980 年以后，村、镇筹集资金修建斗牛场。1990 年 9 月，贵州省财政厅、省民委拨款 50 万元修建贵州省下司龙舟训练基地。2006 年 7 月，贵州省麻江县人民政府投资建成“中国皮划艇协会贵州下司激流回旋训练基地”。2014 年，建成芦笙广场 1 个，占地面积 1500 余平方米，并建有唱戏和演出的大戏台 1 个，面积 200 余平方米。2014 年 3 月，黔东南州游泳馆项目在下司修建，2017 年工程竣工，占地面积 1.62 万平方米，建筑面积达 7040 平方米，主体建筑 2 层，运动场地 3952.2 平方米，看台 1233.5 平方米，辅助用房和设施 1854 平方米，总投资 4000 万元。馆内有 50 米 ×25 米标准游泳池、运动员区、竞赛管理区、贵宾区、观众区、内部管理区等，可容纳 1000 余人。

**市政水利设施**　清乾隆四十四年（1779），于大码头后岸修建“大街”，经上庄门至小河湾，总长大约 500 余米，均以鹅卵石或块石铺垫。清嘉庆十三年（1808），建成面积较宽、地面平整的大坝子。自清光绪八年（1882）起，建成清狮（今大街）、大凹

黔东南州游泳馆（2017 年） 杨育泽 摄

（今弯子）、么岭（今场坝）、小街等街道，总长 1000 余米。1938 年，维修建成保量洲（今保秧洲）、青司（今青狮）、大坳（今大街）、中渡（今小街）和么岭（今场坝）5 条大街区。1966 年，建成清江大队水轮泵发电站。1976 年，建成桃花水轮泵站。二十世纪七八十年代，建成下司电站、龙里电站和新龙里电站 3 个水力发电站。2001 年，修建下司畜牧交易市场，占地 2333 平方米。2010 年，实施饮水工程 48 处，修建清江村、沙飘、桃花、岩田等 15 个电灌站。上梭、河湾、翁榜朗下寨、翁榜朗上寨 4 个水轮泵站。2013—2017 年，实施改造镇区路面工程、给排水工程、沿河截污工程、电力通信工程和清水江大坝加固工程等。

下司大桥音乐喷泉（2017 年）　蒋建民　摄

# 文物胜迹

下司是多元文化融合之地，多彩的民族文化、深厚的历史文化让这座历史文化古镇绽放异彩，至今仍留存许多完好的青条石路、大小街巷和宗教建筑等古迹遗迹。

古镇街景（2017年）　　顾先文　摄

## 遗址遗迹

### 遗址

**土司司署**　清代，下司、铜鼓两地设置土司分司，名“下司铜鼓联司”。一是设于今清江村的分司驻上庄门，一是设于今铜鼓村的分司驻塘坎边。由此，下司成为土司机构驻地，建有司署，驻有土司官和土司兵。民国时期，分司退出历史舞台。司署变为居民住地。

**司递邮传**　清末，下司建司递邮传，为官办专业管理邮递的正式机构，位于营盘坡半山腰的南下侧，为3间矮木楼，占地70余平方米。后下司人习惯称之为“老邮电所”。

1950年后被拆除。

**下司厘金局**　位于小街下方的码头处，为木质楼房，占地约80平方米。1925年，贵州省财政厅在下司设置关卡，建厘金局，挂牌“贵州省下司厘金局”，首任局长黄丹成。所征税种有农业税、屠宰税、酒税、盐税和烟税等。其中，鸦片烟税直接上缴省政府转作军费，地方政府无权提留。凡上船的鸦片，每担必须收缴“查验标签费”1～2块银圆。下司厘金局每年所收税金达数万银圆。1927年1月，改称“下司厘护饷捐局”，合并征收的有厘金、护商费、通关税和盐商营业捐等。1931年撤销。民国后期，房屋被洪水冲毁。

**晚清下司小学校**　学校于清宣统元年（1909）修建，位于营盘坡顶上。为3栋木瓦楼房，中间有风雨过道，共6间教室，整体呈“王”字形，学堂由“万寿宫”迁入，当年名为“下司两等小学堂”。1925年，滇军某团驻扎时，校舍遭到严重破坏。1927年，重新修复。后因腐旧而被全部拆除，另建新校舍。

**民国花桥小学校**　学校创办于1934年，设于花桥村龙井西南面山脚处的“王氏祠堂”，门前有一石拱桥。建造美观，正祠房屋高大，为三间，祠前有一个宽约30平方米院坝，坝西侧设有一小门，南侧设有一厨房，院坝前各建一排厢房，厢房有二层，开间约8平方米，楼有走廊，廊有花木栏杆，厢房中间为一宽约60平方米院坝，以青石板铺砌，坝前有小溪，注入回龙河。祠堂三面绿树成荫，一面紧靠谷下公路。祠堂前约100余米处有“复兴桥”，后为花桥公路桥。20世纪90代被拆除，另建成新校舍。

**文昌亭**　位于古镇东岸边的蒋家湾。民国前期，由当地文人自发修建，为雅集、切磋诗艺、广交文友之所。木质青瓦结构，形为亭子，高五六米，两边栏杆均设有座椅靠背。四周柏树葱茏，可林中赏亭，亭中赏林。亭前立有几块碑文，正中所立为民国麻江县县长周国华书写大碑文。每年农历三月三日，下司及周边文化名流都于此踏青，吟诗作对。20世纪50年代被拆除。

**下司航运管理站**　位于下司镇清水江江畔，建于1950年。占地面积130平方米，建筑面积108平方米。砖木结构，2层，高9米，面阔2间，通面阔12米，进深2间，通进深9米。2000年7月，被麻江县人民政府列为县级文物保护单位。2011年，因鉴定为危房被拆除。2013年，在管理站原址另建接官亭。

### 古街

**大街**　位于大码头西面，亦称“青狮街”“青司街”和“码街”，始建于清乾隆年间，是古镇最早出现的商业街，长约350米，是下司古镇三条古街之一。地面均为鹅卵

大街街景（2017 年） 杨爱青 摄

石铺砌或块状石镶砌，极具特色，故又称“花街”。街两侧是联排木质民居楼，每栋房屋均设有“壁笼”（货柜）。

2011 年 1 月，大街被贵州省黔东南州人民政府列为州级文物保护单位。2013 年后，以仿古方式重新维修大街，路面均为青条石铺砌。

**小街** 自场坝到大桥头的沿街段，建于清末，长 150 余米，泥巴路，为古镇三条主街之一，两侧商铺主要经营金银首饰和食品等。2013 年，重新维修，路面铺砌青石条，迂回婉转，曲径通幽。

**下排街** 位于小码头西面，建于清末，长 150 余米，泥巴路，为古镇三条主街之一。2013 年，进行仿古维修，路面铺砌青石条。

**古墓**

**一品夫人墓** 位于瓮港村芭茅冲“燕子尾”（山名）后半山坡上。墓高 2.1 米，底径 4.4 米，占地 110 平方米。墓碑尚存，但已损 3/4，且仍有石柱方形华表 1 根立于墓边，高约 4 米，上雕石狮。墓主文氏，为“皇清诰授一品夫人”，系清末总兵“建威将军”张梁之母，系辛亥革命时期刺杀袁世凯的张先培之祖母。1998 年 9 月，一品夫人墓被麻江县人民政府列为县级文物保护单位。

**张梁墓** 位于瓮港村芭茅冲。墓主张梁，字梓材，为清末总兵，诰授“建威将军”。墓高 2.18 米，底径 3.56 米，占地面积 140 平方米，坐西朝东。有墓碑，高约 2 米，碑文“建威将军显考张公梓材老大人之墓”，碑额横写“福如东海”四字，立于1931年4月。1998年9月，张梁墓被麻江县人民政府列为县级文物保护单位。

**吴传声墓** 位于保秧洲（寨名）南面吴家山。墓主吴传声，字唠鸾，苗族，下司街上人，中国同盟会会员，滇军、黔军将领，于1916年在湘西护国战争中牺牲。墓长6.32米，宽3.2米，高2.2米。墓碑由5块精凿大青石镶成，高1.65米，中宽0.86米，顶檐宽1.08米，内碑宽0.6米，厚0.4米，立于1926年清明节。碑文楷书阴刻，上檐横书“福我中华”四字，两侧竖书“力挽狂澜作中流之砥柱，功标青史垂令德于名山”挽联，正碑居中竖写“吴公传声之墓”六字，每字17厘米见方，右下为立碑时间，左下为立碑者名。侧碑从右至左竖刻吴传声墓表，字约2厘米见方，尚存。2000年，吴传声墓被麻江县人民政府列为县级文物保护单位。

**故居大院**

**张梁、张先培故居** 位于瓮港村芭茅冲。张梁，清末总兵，以军功起家，诰授“建威将军”。张先培，张梁之子，系辛亥革命时期（1912年1月）狙炸袁世凯的革命烈士。20世纪50年代，张氏故居分给吴氏村民，后吴氏将之拆除，于旧址上建新房，留用张氏故居堂屋两扇镂空窗户以及一对门簪。张氏于院坝铺设的石板尚存，吴氏村民浇薄层混凝土覆之。

**吴传声故居** 位于大街（街名）“江西会馆”对面，清末修建，为1916年护国战争

吴传声故居（2018年） 顾先文 摄

中英勇捐躯的贵州陆军第三团团长吴传声的旧居。其为一栋三间一矮木瓦房，坐西朝东，四壁通顶，房前有100平方米的鹅卵石铺砌院坝。另有一栋位于其后，为三开间木瓦房，坐北朝南，四壁通顶。房前有一院坝，约40平方米。1950年被没收后，作为民宅，至今仍完好无损。

**周绍阳大院** 1940年，下司商人周绍阳于马场村大坡寨修建一座四合院，占地约4000平方米，四周均为0.24米厚的空心火砖围墙。大门朝西，门框以青马条石砌成，设耳门两个，门上书“月门”二字。楼有一楼一底，为走马转角楼，用材皆为上乘杉木料，四壁通顶，盖青瓦，楼上有过道，设有木花栏，底层安放木板，底脚均为条石铺砌，共有房间20多套。中间，为300平方米的露天院坝，均以青石块铺砌。房屋窗户皆以进口特制有色玻璃安装，整体造型讲究。1951年，周绍阳携全家移居武汉，大院作乡（公社）政府办公用，并作学校和粮仓等。20世纪80年代中期，被拆除。

**古桥**

**福德桥** 位于瓮港村芭茅冲老山河上，清末张梁捐资修建，为单孔石拱桥，长9米，宽2.5米，净跨5米，拱高6米。清代时，桥中曾倒插宝剑一把，为防水龙起身毁桥而设。桥头立有清光绪元年（1875）四月建造的福德碑，碑文记载修桥始末及功德，已毁。1998年9月，福德桥被麻江县人民政府列为县级文物保护单位。

福德桥（2017年） 顾先文 摄

莲心桥（2017 年）　　顾先文 摄

**粟家桥** 又叫平桥，建于清光绪年间。坐落于大码头街的北尽头和小街（街名）之间，距大码头约 200 余米，距龙潭口约 100 余米，为单拱石桥，以青石条砌成，高约 3 米，长约 10 米，宽约 4 米，两侧砌以 0.5 米厚石墩。横跨于小河南北两岸，非常方便大码头街和场坝（街名）之间居民往来。2014 年被拆除，另建“莲心桥”。

**熊家桥** 也称翁榜朗桥。清末，清平县（今凯里市）万潮乡人氏熊某移居下司翁榜朗，出资修建 3 座石拱桥。其中，第一座（单孔）坐落于距青狮河畔约 100 余米的良田坝小河上；第二座（三孔）坐落于翁榜朗下寨的小河上；第三座（单孔）坐落于古镇内场坝（街名）旁的小河上，为青石条拱砌，高 3 米，长 10 米，宽 4 米，两边还砌有 0.5 米厚的条石栏杆，方便弯子和台田的居民出入场坝购物或做生意。1975 年，第一座和第三座桥被拆除，石块均用于修筑清水江拦河坝；第二座桥今犹存。

**任母桥** 1947 年，下司乡贤任炳阳母亲过世，任从简办理丧事，且将亲朋好友所赠礼金用来购买上等青条石，然后于小河湾处修建单拱小石桥一座，以方便大街和场坝（街名）之间的行人来往，名任母桥。桥长 10 米，宽 4 米，高 3 米，两侧均砌有 0.5 米高的石栏。桥西头竖碑两块，一块书刻“任母桥”三个大字，一块书刻宾朋名单和礼金数，并于碑旁竖立石雕人一座。建成时，麻江县县长周国华到场踩桥。1966 年，碑和石人均被毁掉。2014 年，石桥被拆除，另建“良心桥”。

熊家桥（2017 年） 顾先文 摄

良心桥（2017 年） 顾先文 摄

## 古码头

**大码头** 位于古镇清水江西北岸，距龙潭口约100余米，为下司历史上吨位最大、泊船最多、货物吞吐量最大的水运码头。清乾隆四十四年（1779），下司商人蒋朝秀出资，历时半年修建而成。码头呈扇形，最宽处19.2米，面积达300余平方米，码头至花街有99级石阶。由于其规模比“小码头”大，故称“大码头”。清嘉庆十三年（1808），麻哈知州徐风喈下令开辟下司市场时，蒋正隆组织民工将码头改建成大渡，旁竖“蒋家码头”石碑一块（1964年被毁）。重建后，扇面扩大，泊船量增加。1975年10月修建拦河坝后，河面提升，码头被淹没，码头至花街石阶仅剩49级石阶。

大码头（2017年） 顾先文 摄

2004 年，麻江县旅游局拨款重修。2000 年 7 月大码头被麻江县人民政府列为县级文物保护单位。2011 年 1 月被黔东南州人民政府列为州级文物保护单位。2013 年，重新修缮大码头。

**小码头**　位于古镇清水江西岸，紧挨龙潭口，距大码头 100 余米，清乾隆年间修建，是专供官员下船上岸的官用码头。清末，小码头逐渐由官用变为商用。1953 年，贵州省交通厅内河航运管理局拨款 1400 元重新整修，后以条石阶梯 20 余级延伸至小街货场。2000 年 7 月，小码头被麻江县人民政府列为县级文物保护单位。2011 年 1 月，被黔东南州人民政府列为州级文物保护单位。2013 年，修缮小码头。

小码头（2016 年）　　徐兴胜　摄

# 寺庙宫观

## 寺庙

**观音阁** 坐落在清江村西半山腰狮子山悬绝壁上。狮子山形似狮子，狮子头有口，口对上庄门。清同治年间，下司人口稀少，多集居于上庄门。当时，土司吴氏因狮子口对上庄门，恐对住户不利，就在狮子口前建木楼一栋以阻狮子口。1917年，下司名流刘克中等人集资整修，塑观音木像一尊并取名观音阁，请尼姑入住。

观音阁（2017 年） 顾先文 摄

1943年，由吴邦荣集资并主建，拆除木楼重新建造砖结构楼宇一座。观音阁坐西北朝东南，造型精致美观。上观音阁原是一条曲径，后由马路石匠龙海清依山径砌石坎拾级而上。

20世纪50年代初期，观音像被毁。1953年，下司小学于此开展教学。1980年，由黔东南州民委拨款重建成混砖结构2层楼房，占地约130平方米。1999年，由当地政府拨款扩建，和尚入驻，占地约200平方米，并重塑莲花台观音坐像一尊，木雕镀金，高约2米。观音阁坐西朝东，造型美观，宏伟肃穆。每年农历二月十九日、六月十九日、九月十九日举行阁会，阁内灯火辉煌、暮鼓声声、香烟缭绕、鼓震钟鸣、经声朗朗，善男信女顶礼膜拜。每逢农历初一、十五，进香者众。

观音阁为黔东南州保存较为完整的寺庙之一。2000年7月，观音阁被麻江县人民政府列为县级文物保护单位。2011年1月，被黔东南州人民政府列为州级文物保护单位。

**玉皇阁** 位于德兴村牛屁股半山腰上。下司历来商业兴隆，外地客商多在此地发财，因此有“水打牛屁股，发客不发主”之说。清光绪十六年（1890），下司棺材商夏必庆出资在半山腰建阁一栋，以镇其说。阁庙走马转角吊脚楼，中间大天井，阁宇用材皆为上乘松杉，造型巧夺天工。主殿3层，顶层供有木雕玉皇大帝金身像一尊。庙内两旁有卧室、厨房。四周松竹翠绿，自坡脚到阁庙，小径曲折。每年农历六月六日举行庙会，进香许愿者众。

1938年，国民党陆军通信兵学校迁到麻江县，校军犬所设置于此，中校所长李丹秋及部下在此驯犬近6年。1939年，下司晚清举人罗毓湘（字云湖，仫佬族）曾题诗曰：“庄严宝殿拜慈光，飘渺云宫谒上皇。翘首诸天临咫尺，俯窥尘海已微茫。”20世纪50年代初期，阁内玉帝像被捣毁。1958年，被全部拆除。

**鲁班庙** 为民国初期下司造船厂众木匠联合修建，位于马尾河东岸桃花山的龙大山顶上。庙坐东朝西，青瓦屋顶，三间五隔，正堂通间，专供“鲁班”神像。庙堂四周空旷，站在庙前，可观古镇全景。每年农历三月二十三日起举行三天的祭祀活动。20世纪40年代时，因清水江无桥，保秧洲、桃花两地儿童读书过河险难，于是请先生于庙内设馆教书。新中国成立后，因疏于管理，最后倒塌消失。后麻江县水文站于此建站办公。

### 宫观

**禹王宫** 建于清代，为湖南、湖北两省富商、绅士捐资兴建的同乡会所，也叫“寿福寺”或“两湖会馆”。

禹王宫（2016年）

李勋 摄

宫院坐落于陆家弯白果树东侧，四周均为火砖围墙。宫门高大，门框为方石条，门头雕有“文王八卦图”，门头上方书刻“禹王宫”三个大字，两边对联，字迹模糊。院内是用石灰、沙石混合硬化的宽院坝。正殿高大雄伟，肃穆森严。屋面为“悬山式”，小青瓦置顶，叠瓦素脊。面阔五间，抬梁穿斗结构。拾级而上，为条石石坎。廊柱粗大，系用上乘杉料所建。殿内雍容典雅，富丽堂皇，一排神台正中供大禹神像。院坝两侧，各有一排厢房。民国时期，东侧厢房曾作私塾之用，地方治安队曾常驻此地。整个宫院占地面积 1100 平方米，建筑面积 651 平方米，正殿 5 间，面宽 24 米，进深 8 米，青砖砌筑，灰塑翼角脊饰，小青瓦置顶，斗式封火墙。

1938 年，国民党陆军通信兵学校迁到麻江县，校特种通信队军鸽所设置于此，少将所长黄瀛及其部下在宫内训练军鸽 6 年。新中国成立后，政府作为粮仓使用，在此加工粮油近 30 年。

2007 年，被麻江县人民政府列为县级文物保护单位，并修复。2011 年 1 月，被黔东南州人民政府列为州级文物保护单位。2016 年年底，再次修复。

**三元宫**　又名“江浙会馆”，坐落于距小码头 150 米处的罗家山脚，建于清末，为道教宫观，占地面积约 80 平方米，为江苏、浙江两省同乡会修建。为砖木结构，青瓦

三元宫遗址（2017 年）　　杨爱青　摄

盖顶。宫门石砌，两侧石柱，柱刻对联，门上书“三元宫”。殿面共3间。殿内，进深10米后拾级而上。民国时，湘乡客商肖群林和下司人钱绍周在此合租开设客栈。1946年10月，由中共凯里地下党小组负责人李光庭安排，麻江县医院代院长周明立及其妻任维秀（下司籍）在此开办成“三元宫明星诊所”，作为地下党秘密联络点。新中国成立后，供销社用作百货仓库。1986年，被拆除另建新屋。

**天后宫** 又称妈祖庙、福建会馆，清道光年间由福建商帮建造，坐落于距小码头约100米的罗家山脚。设客栈，生意兴隆。楼有廊，廊有花栏。占地面积约300平方米，建筑面积约200平方米。正殿砖木结构，有3间，通面宽10.8米，进深10余米，穿斗式封火墙，青瓦顶。殿前两侧，各有一楼一底厢房一排。殿中，供有妈祖牌位。清末时，被下司商人周家声用作营业货楼，并扩建厢房。民国末期失火，北侧木楼及宫门被烧毁。解放后，归下司粮管所和供销社使用。20世纪80年代，南侧厢房拆除另建大楼，正殿残留。

2007年7月，被麻江县人民政府列为县级文物保护单位。2011年1月，被黔东南州人民政府列为州级文物保护单位。

**万寿宫** 又名“江西会馆”，修建于清光绪年间，坐落于大街（街名），距大码头约200米，为赣籍客商修建。占地面积约3000平方米，建筑面积约2000平方米，四周均为火砖围墙，正门朝西，铺长条石。宫门两侧及门头为方条石柱，两石柱刻有对联一副，门头刻有“万寿宫”三字。宫内左侧为两间矮小厨房。正殿开间12米，进深8米。其空间高大，系上乘松杉建成，廊柱雕龙缠绕，殿屋飞檐画栋，刻飞禽走兽、奇花异草，殿内金碧辉煌，庄严肃穆。神龛上，供着一尊

女子书院（原万寿宫）（2017年）顾先文 摄

鎏金神像。殿前，逐级而下，为500平方米石沙硬化院坝。殿北侧，为一楼一底厢房数间，有花栏走廊。倚栏东望，可观巍巍苗岭；俯首北望，可瞰滔滔清江。北侧厢房之后，为一栋高大宽敞木楼。清光绪三十二年（1906），于万寿宫创办“务本小学堂”，教学多年。1932年，于此创办下司两级女子小学，教学八年。新中国成立初期，下司粮管所在此办公、住宿，存放公粮，万寿宫随之消失。2011年，在原女子小学校门重建大门，门上刻有“女子书院”四字。

# 古镇保护

2012 年，“凯（凯里）麻（麻江）同城化”发展战略实施，下司被列为黔东南州重点开发打造的旅游集散地。2013 年，下司依托厚重的商埠文化和独具魅力的山水风光，以“天造山水、人文下司”为定位，重点修复风雨桥、两湖会馆、阳明书院等古镇遗迹。2014 年，一座“看得见山、望得见水、记得住乡愁”的下司古镇以崭新的面貌呈现在世人眼前。

修复后的古镇面貌（2017 年）　李勋　摄

## 古镇风貌

**镇域布局**　下司镇布局为“一心、两轴、十区”。一心，即古镇旅游核心区；两轴，即沿滨江路南北向城镇发展轴和开司大道连接古镇及高速出口的东西向城镇发展轴；十区，即下司古镇、城西新区、旅游综游服务区、孟家山中央公园、苗侗文化发展区、城东新区、体育运动度假区、宗教与医疗养生区、旅游农业发展区、月亮岛旅游度假区。下司古镇核心区范围面积 6 平方千米。

**景区概览** 古镇名胜主要有：古镇风雨桥、广东会馆、两湖会馆、张先培纪念馆、阳明书院等。景区旅游以“商读清江、隐逸下司”为全新定位，总控制面积为 38 平方千米，其中一期开发面积为 1 平方千米，按国家 AAAAA 级旅游景区标准，打造“一江两岸十街区”的空间发展格局，呈现出“黔湘川水陆通衢，六百年清江风华”之貌。经改造升级的古镇旅游景区，总体布局为“一大根脉、三大标签、六大看点”。“一大根脉”，即阳明书院；“三大标签”，即世界名犬博览苑、清江皇木博物馆、中华酸汤博物馆；“六大看点”，即字库塔、明心湾、芦笙广场、下司面、卵石花街、大码头。

下司镇十大功能区规划平面图 凯里经济开发区 提供

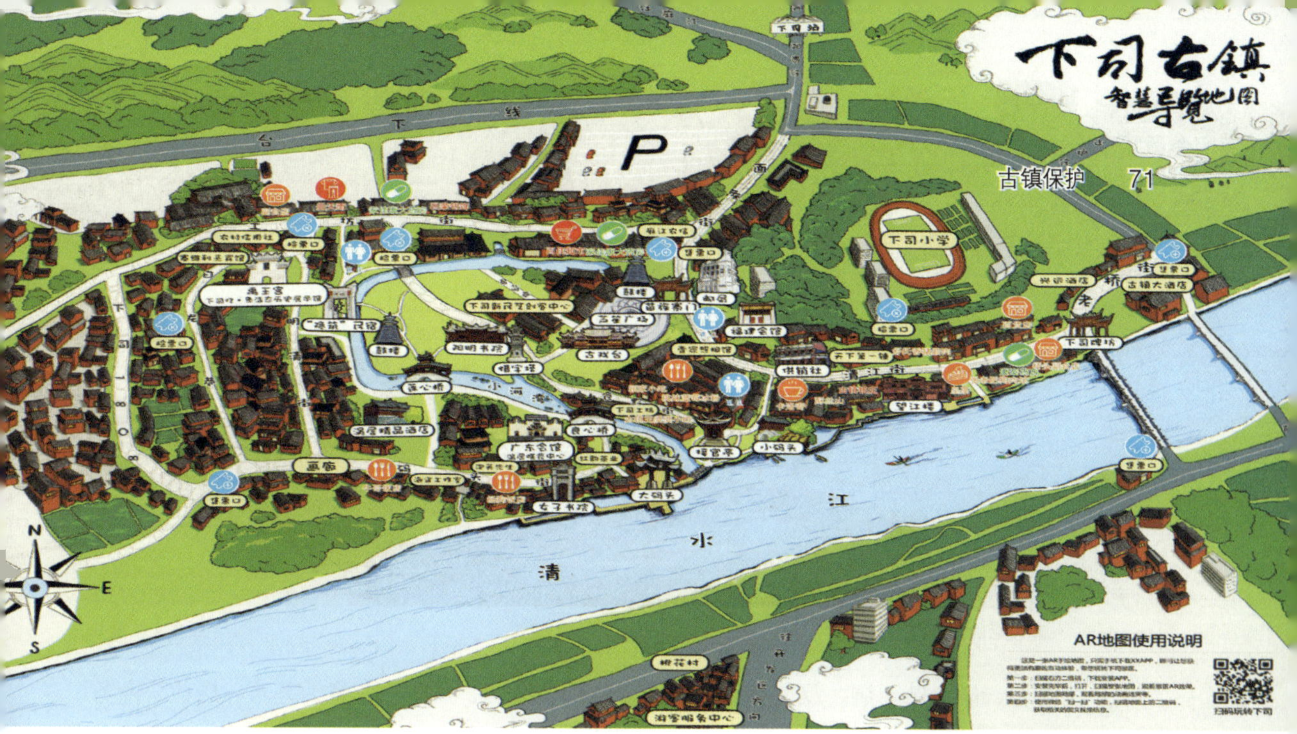


下司古镇旅游布局（2016 年）　　　　凯里经济开发区　提供

## 镇村规划

**总体规划**　2011 年 1 月，贵州省人民政府批准实施《凯里—麻江城市总体规划（2009—2030 年）》。2012 年,《国务院关于进一步促进贵州经济社会又好又快发展的若干意见》明确指出：支持黔东南州实施“凯里—麻江同城化”发展。黔东南州将“凯麻新区”作为经济发展的区域，加快建设凯里—麻江的一体化发展，将其建设成黔中经济区以及黔东南州经济增长极，在未来构建出 160 万人口的国际旅游城市，即以凯里市鸭塘街道和麻江县下司镇作为主要开发对象，加快凯里经济开发区建设，将凯里打造成具有国际旅游接待能力以及苗侗文化特色鲜明的现代化生态城市。

根据总体规划，下司镇人口计划于 2030 年达到 10 万人，并以“天造山水、人文下司”为主题，以“以商埠文化为基础，以山水田园为依托，以‘山水下司–苗侗天堂’

建设后的古镇风貌（2017 年） 顾先文 摄

为特色，融合苗、侗、汉文化，集旅游、休闲、度假、娱乐、创意、艺术、居住、商务及办公为一体的国际化和复合型的休闲旅游度假名镇”为定位，打造成山水风光与民族风情完美融合的旅游名镇。

**开发规划** 凯里市政府计划在 5 年时间内，累计出资 227 亿元，修建下司国际旅游度假区。其中，一期（核心区）开发面积 1 平方千米，计划投资 7 亿元，按国家 AAAAA 级旅游景区标准开发；二期开发面积 6 平方千米，计划投资 20 亿元；三期开发面积 31 平方千米，计划投资 200 亿元。总体控制面积 38 平方千米。

## 古镇区保护

**建筑景观修复** 2013 年，投资 569.14 万元恢复修建景观建筑中的戏台、寨门、接官亭、两湖会馆等。2014 年，开工建设特色产品市场鼓楼、大桥古镇牌坊、古镇寨门、古镇芦笙广场戏台、接官亭、广东会馆、张先培纪念馆、两湖会馆、民族文化精品馆、阳明书院和字库塔。2015 年，投资 300 万元铺装大桥头临时停车场地面，修建大桥长廊、石栏杆和景观台。2017 年 7 月，投资 750 万元加固下司老桥体。投资 170 万元修缮阳明书院，维修面积 640 平方米。

**古镇核心区风貌恢复** 2017年，投资600万元将“名人堂”打造为“涡居精品酒店”；投资600万元将“广东会馆”改造为“涡居膳食中心”；投资200万元将“精品馆”一楼打造为“新民艺创客中心”；投资380万元将“桔园”改造为“隐筑酒店”；投资180万元重建位于老大桥桥头处的“清江画苑茶餐厅”；投资200万元将“1808新民艺”打造为“文创产品聚集地街区”；投资900万元将“禹王宫”打造为活态互动展示馆，面积1276平方米。

**古镇民居改造** 2013年，启动民居改造工程，改造花桥村民居150栋、马场村38栋。2014年，改造古镇核心区红光路、前进路和新街等民居292栋。2015年，出台《下司古镇群众建房管理办法》，投入9300余万元保护和修缮50余栋古民居。2016年，改造新街以及桥头片区的76栋民居。2017年6月，投入1800万元改造大桥头民居24栋、面条街民居6栋、文创街民居12栋；投入45万元改造下司小学及周边民居；投入50万元整治文创街环境。

改造后的民居（2017年） 顾先文 摄

**古镇街区修复美化** 2013年，铺装前进路、小河街、红光路、老镇政府广场、芦笙广场和新街停车场。2015年，绿化小河湾两岸，铺装红光路，建设清水江栈道、龙潭口石拱桥。2016年，铺装老街区道路2500米，修缮损坏石板22处；建设休闲广场，总面积1万平方米；铺装休闲广场地面450平方米，铺装新街地面710平方米。2017年7月，投资120万元，修建老大桥至冲沙闸段栈道，长100余米；投资100万元，修建厘金局至老大桥段栈道，长90余米；铺装条石街道路面积约4000平方米；投资750万元，绿化阳明书院片区和核心街区景观。

修复美化后的小河湾（2017年）

蒋建民 摄

清淤后的小河湾（2017 年）

顾先文　摄

## 建设改造

**小河湾景观建设**　2013年，对小河湾河道进行清淤。2016年，再次进行河道清淤，修建小河湾上景观桥。2017年，完成拦水坝至小河湾至马尾河交汇处的清淤、鹅卵石换填等。

**多媒体景点升级改造**　2017年，投资1200万元改造清江水幕激光秀、芦笙广场古戏台全息影像，提升阳明书院多媒体及声光电音响系统。

**镇区基础设施建设**　2013年，建设政府广场1号公厕和小码头2号公厕；实施古镇核心区的给排水、沿河截污和电力通信改造；开工建设下司幼儿园，占地面积1万平方米，建筑面积3641.3平方米。2014年，加固清水江大坝，改造古镇污水收集及排水、燃气、雨水、综合通信管线和供水工程管网。2015年，投资372万元修建

新建的牛头寨门（2017 年）　杨育泽　摄

1 号、2 号、3 号旅游公厕。2016 年，升级改造省道 311 线、下司垃圾收运站、古镇大酒店、17 路公交车终点站；投资 18.20 亿元建设白午生态移民广场、马场、花桥便民中心、4 个停车场、2 个留守儿童之家，配置村（居）太阳能路灯；投资 350 万元修建 3 个旅游公厕，面积 320 平方米；亮化美化核心区内公共建筑物、部分民居及河道。2017 年 7 月，投资 240 万元修建桥头、新街公厕；续建、改造面条街、桥头综合管网。

**道路桥梁建设**　2013 年，建设下司新大桥、太阳岛大桥。2016 年，下司新大桥建成通车，总投资 1.36 亿元，桥长 360 米，桥梁引道长 800 米，宽 35 米。2017 年 12 月，太阳岛大桥建成通车，桥长 360 米，引道长 200 米，宽 30 米，总投资 1.66 亿元。

**安置区建设**　2013 年，修建古镇城东和城西的安置统建房。2016 年，投资 6600 万元建设安置区，占地面积 37301 平方米，建筑面积 24210 平方米。

# 旅游名胜

下司境内，有秀丽的马尾河风光长廊、浓郁风情的民族村寨、印记历史的水码头人文景观、休闲观光农业等田园景观，以及蕴含历史文化的古建筑群。2000 年 2 月，下司镇被列为省级风景名胜区。2017 年下司古镇被评为国家 AAAA 级旅游景区后，八方游客纷至沓来。

快艇冲浪（2017 年） 李勋 摄

## 景区景点

### 马尾河景观

马尾河景观系由龙里水库至同兴村组成的景观带，是一个以水文化为主要内容的水生态风景长廊，总长约 20 千米。有河宽水深、碧波如镜的水上景致，有峰峦延绵、翠林青青的自然风光。

**龙里水库** 位于下司古镇南面、境内马尾河上游，于 1976 年 4 月建成。大坝距古镇中心约 9 千米。景区范围为长约 10 千米。库区江面宽阔，水流平缓，水质清澈，船舟梭行，两岸村寨相邻，悬崖陡峭、树木葱茏，大坝处水域宽 100 余米。

**湾塘寨**　位于境内马尾河上游东岸边，距古镇约 2 千米，有吊桥横跨马尾河，寨中有特色民居和如画田园、细腻沙洲、绿茵草坪、茂密竹林。湾塘寨是重要的野鸭放养基地，有多家“农家乐”山庄。

**保秧洲**　位于马尾河东岸，距下司古镇约 1.6 千米。地势平缓，环境优美，空气清新，有造型别致的民居，有草地、果园、农作物和树林，是野外郊游的理想场所。此处亦为 1916 年 2 月在护国运动中牺牲的贵州陆军第三团团长吴传声陵墓所在地。

**桃源岛**　位于马尾河上游，距下司古镇约 1.5 千米，面积约 1.43 万平方米（21.4 亩），呈椭圆状，岛上草木葱绿，环境优美。2000 年开发建设，建有集餐饮、娱乐、休闲度假等设施为一体的山庄，品尝特色小吃之余，可开展溜冰、荡舟、游泳等休闲娱乐活动。

桃源岛（2017 年）　　顾先文　摄

**月亮岛** 位于马尾河上游，距下司古镇约1.2千米，面积约1.3万平方米（19.5亩），为形如半月的半岛。岛屿平均高出河面约3米，地势平坦，绿草如茵。2002年投资开发旅游，建有吊脚楼、凉棚等建筑，备有游乐船、橡皮艇等，可进行游泳、荡舟、垂钓等休闲娱乐活动。2005年开发模拟野战、高尔夫球训练、射箭、山地越野、攀岩、棋牌乐休闲等项目。

**水上活动中心** 位于古镇核心区东侧，也称长滩景区。1975年10月修建拦河坝河面提升而形成，长约8千米，宽约110米。20世纪90年代逐步建设发展为水上娱乐场所，主要开展游船、游艇、龙舟训练、独竹飘训练和游泳等活动项目。水质清澈，是一幅山青水绿、舟楫来往、民居错落、桥梁横跨、色调丰富、风光旖旎的大景致，亦为龙舟大赛之场所。游人可乘快艇，体验水上冲浪激情。

水上活动中心（2017年） 顾先文 摄

沿江栈道（2017 年） 顾先文 摄

下司马尾河（2017 年） 杨爱青 摄

**沿江栈道和龙潭口**　位于马尾河河道左岸，2014年改建。沿江栈道系以钢筋水泥结构为底架、以木质材料为桥面的迂回曲折的步道，总长500余米。中间段，建有形如彩虹的龙潭口石拱桥相连。游人漫步其间，可欣赏水上风光，能通达小码头和大码头两个景点。

**大桥音乐喷泉**　分布于下司老大桥两侧，建于2017年，总长90米，有喷嘴600个、彩灯600盏。最远能喷射水柱6米，集声、光、水、色于一体，并可根据音乐控制和变频程控系统，让喷水造型和灯光色彩随着音乐节奏、旋律变化而产生直喷、水帘、水浪、水松、内抛、摇摆、编网等造型的自由组合36种。

**将军岩**　位于境内马尾河下游和平村处河西岸，岩高于河面七八十米，宽约六七十米，突兀而立，岩壁光洁，线条粗犷，状如身披盔甲、气势伟岸、守护一方的将军，故名。岩影倒映蜿蜒河面中，蔚为壮观。

**古松群**　位于境内马尾河下游同兴村同车处马尾河东岸，有10余棵巨大的古松柏，树龄均在百年以上，树干粗大，两三人方能合抱。其枝干苍劲，树皮龟裂。有的独树一帜，有的一字排开。古树马尾松被凯里市人民政府挂牌保护。

将军岩（2017年）　杨育泽　摄

古松群（2017年）　杨育泽　摄

下坝河（2017 年） 黄海忠 摄

### 下坝河景观

下坝河为马尾河下司镇境内重要支流，总长约 10 千米，位于镇境西北角的瓮港村内，均为峡谷风光。其狭窄如巷、湍急汹涌，有 20 余个滩，20 余道湾。其上游奇峰秀岭、悬崖陡壁、树木葱茏、流水湍急。河水经高约 70 米的岩壁，修建于 20 世纪五六十年代的灌溉渠沟，至芭茅冲流入曲水依山、回峰抱水、农田碧绿、沙滩金黄、竹柳依依的下游。

**将军石** 位于瓮岗村芭茅冲陡险的南面后山上，为一突兀耸立、高约 15 米、直径

将军石（2017 年） 顾先文 摄

1.5～3米、上大下小的石柱，耸立山间，状若顶天立地、威风凛凛的大将军，故名。昔日，北面的山上亦有同形石柱，与之相距1千米，一公一母遥遥相望，据传为一对人间夫妻所变。惜母石上半部已毁，下部尚存。又传说，因有将军石护佑，芭茅冲占尽灵气，封建时期先后出现6位将军，即武威将军张聚（明洪武年间张氏入黔始祖），武略将军张骠（张先培远祖父），振威将军张友材（张先培高祖父）、张云（张先培曾祖父）、张再兴（张先培祖父）和建威将军张梁（张先培之父）。张先培则是辛亥革命时期刺杀袁世凯的革命党人。

**月牙潭** 位于老山河峡谷芭茅冲下方1千米处。一股清泉从半山上岩缝涌出，状如一条出山巨蟒，飞流直泻于沙滩上，形成形似一弯月牙的潭水，故而得名。水花自山崖喷洒而下，水雾飘洒。潭中水平如镜，清澈透底，水底沉沙明晰可数。小鱼水中畅游，间或三五只山雀潭中洗澡，叽叽喳喳。两岸绿树丛生，枝叶繁茂，把小潭遮盖得严严实实，即便盛夏酷暑，也倍感清凉惬意。

**鹰嘴岩** 由月牙潭沿溪而上，不远处有一高约百余米巨岩，立于峡谷边，于岩峰80余米处，有一倒钩凸出的巨石，形状酷似一只巨鹰的大嘴，故而得名。鹰嘴岩古藤盘绕，蔓布全峰，间有小树古松斜插而出，状若展翅雄鹰。

**盘龙洞** 位于月牙潭下方，一个由水流长期冲击的石灰岩日渐形成的水洞，因洞中有一巨石形似长龙盘曲，在清水荡漾之间，"龙身"隐隐若动，"龙头"靠近洞底，"龙口"朝向洞口，山腹中空多穴，穴壁状如游龙腾舞，栩栩如生。

**九曲银河** 老山河溪水自高山山泉涌出，弯弯曲曲，层层跌落而下，造就20多道小瀑布，冲击成20多个碧潭，宛若九曲银河，构成"小潭澄静绿如锦，欢瀑飞花白似棉"的绝妙景致。

### 田园景观

**淑里湿地公园** 位于古镇西南面淑里村辖地内，面积约3.7平方千米。清澈小河流过境内，周围地势相对平坦，有湿地、沼泽、草地、田园、村落。园内绿荫成片、泽水涟涟、万类竞生，沿途是蜿蜒起伏小山峦、星罗棋布村庄和碧绿如黛的树林。

**草莓文化观光园** 20世纪90年代起，花桥村开始种植露地草莓。随后，发展至马场、花桥、隆堡、大坡、德兴和沙飘等村寨，常年种植草莓3600亩以上。其中，露地草莓达3300亩，大棚草莓达300亩，为贵州最大露地草莓种植基地。2017年，下司草莓通过国家无公害农产品认证。每年4—5月，草莓自助采摘活动吸引大量游客。截至2011年，

淑里湿地风光（2017 年）　杨育泽　摄

花桥村草莓文化观光园（2017 年）
顾先文　摄

全镇有 8 个村被列为全国农业旅游示范点，接待田间采摘体验游客达 25 万余人次。

**古镇建筑群**

位于马尾河长滩段西岸边的下司古镇，古民居和古围墙错落有致，兼有名人馆、阳明书院等人文建筑。2013 年后，经仿古打造，古镇楼亭林立、檐角飞翘、古街通幽、宅院幽深，既有“青砖小瓦马头墙、回廊挂落花格窗”的徽派建筑，也有“木屋、青瓦、花窗”的苗族民居。

古民居（2017 年）　顾先文　摄

名人堂（2017 年） 顾先文 摄

**名人堂** 位于小河湾，是用以纪念下司历代重要人物的纪念馆。为正房五开间，小青瓦置顶，明间屋面为歇山式屋顶，次间及梢间均用悬山式屋顶，穿斗结构，通面阔 10 米，进深 9 米，通高 10 米，平面呈长方形。均使用木质雕花隔扇、雕花窗、雕花栏杆、雕花吊瓜、雕花撑弓等，构件雕刻精美，内部装修华丽。平面呈长方形，总建筑面积约 500 平方米。

**阳明书院** 系纪念明代著名思想家、文学家、哲学家和军事家王阳明而修建的书院，位于小河湾西岸边，坐北朝南，占地面积约 300 平方米。书院为传统的两进院落，建筑主体总平面呈长方形，轴线突出，均衡对称，气势端庄。大门内为前厅，后为一进天井。天井南北两侧为厢房与中厅相连，中厅在一进天井后，中厅后为二进天井，天井南北两侧为

阳明书院（2017 年） 顾先文 摄

厢房与后厅相连，后厅与砖墙后门相连。内部雕梁画栋，室内门窗、立柱、梁架、雀替、吊瓜、挂落以及龛罩，选材多用优质木料。

**民族文化精品馆** 坐落于阳明书院旁，整体呈“L”形，建筑形式为苗族吊脚楼风格，全木两层结构，占地面积约260平方米。正房为歇山吊脚楼，雕花门窗，二层廊道为卷棚吊顶，室内驼峰与抬梁雕刻精美，屋脊中花为典型的苗族银饰，古朴大方。厢房为悬山建筑，面阔11米，通高8米，雕花门窗，加有木质飞来椅。

**芦笙广场** 芦笙广场位于古镇中心，为新建仿古公共场所，占地1500余平方米，地面均为平整石块铺就，内有圆形铜鼓大图案，广场可容上万人聚会。周边均为融汉族、苗族、侗族等民族文化元素的寨门、鼓楼、戏台、亭栏和民居等仿古建筑。其中，寨门为5层砖木结构，小青瓦屋面，端庄典雅，层檐重叠，两侧为廊道，融合须弥座和风雨廊桥等元素。鼓楼高20余米，形如宝塔，檐角突翘，柱梁均绘花鸟。戏台为演出专用场地，厚实敦雅，檐角重叠，柱梁粗大，雕龙画凤，装饰华贵，且有小亭相依，为广场主体建筑，宽13米，高15米。

**接官亭** 位于古镇江边，坐南朝

民族文化精品馆（2017年） 顾先文 摄

芦笙广场大戏台（2016年） 迟哲 摄

接官亭（2016年） 杨育泽 摄

北，建于2013年，为全木廊带亭建筑。其造型独特，雕工精细。重檐卷棚、歇山顶、面阔四开间，与八柱三重檐盝顶亭相连，轴线突出，均衡对称，建筑整体美观。亭身开敞，多向观景，视线通畅。

**字库塔**　字库塔位于阳明书院的东侧，重建于2014年，占地面积26平方米，高13米，六角三层，飞檐翘角，下有底座，小巧玲珑。字库塔又称“敬字亭”“惜字塔”“焚字炉”和“文风塔”等，为古人焚烧字纸的建筑。

**大码头牌坊**　大码头牌坊位于大码头上临河处，为两柱重檐木牌坊，占地面积6.5

字库塔（2017年）　　顾先文　摄

大码头牌坊（2017 年）　　顾先文　摄

平方米，是大码头出入口标志性建筑。其屋面为青灰筒瓦，柱体上细雕有额枋、吊瓜、撑弓、过江板等，古色古香。

**1808 文创街**　位于古镇 1808 新民艺街区，为下司创客孵化基地和手工艺传承基地，亦为文创产品聚集地，于 2017 年改建打造。有市级非物质文化遗产铜鼓农民画、州级非物质文化遗产苗族银饰锻造和革家蜡染制作、国家级非物质文化遗产苗绣等技艺表演和展示。

**民族村寨**

**摆仰苗寨**　位于古镇以东 4 千米，全寨 326 余户 1238 人。民居多为齐脚式楼房，人居楼下，楼上作粮仓、客房用。21 世纪以来，砖混结构房屋逐渐增多。寨人自古以“议榔”形式封山，寨后峰峦叠翠，古树参天。寨前水田成片，田埂纵横。男女老少能歌善舞，以芦笙舞、板凳舞、苗萧木叶歌、情歌、酒歌等见长。全村妇女擅长挑花、刺绣，能织出精美的花带和绚丽多彩的锦缎，女装为典型的中短裙。农历正月十五至十六日举行芦笙会，吹笙跳舞。客人进寨，主人唱迎客歌敬迎客酒，送客时唱送客歌敬送客酒。1992 年，摆仰苗寨被列为贵州省东线旅游民族村寨之一。

**龙里仫佬寨**　坐落于马尾河上游东岸，古镇以南 7 千米处，全寨 128 户，为一个“开门见水，出门行舟”的村寨。寨内树林掩映，楼房成片，清爽雅静。村民均为仫佬族，有仫佬年、撵社节、牛寿节、仫佬认定节等传统节日，有酒歌、情歌、古歌、地名歌、祭祖歌、姊妹歌、姑妈歌、苦歌等民歌，有刺绣、挑花和银饰打制等传统技艺。寨中男女老少“人人习水性，个个能划桨”。1989 年以来，全寨组建的“文家军”龙舟队，在全国各地龙舟赛上多次夺冠。

**长江畲寨**　长江畲寨位于境内西部花桥村群山深处，距镇中心 7 千米。畲族人口占

龙里仫佬寨风光　　杨育泽　摄

80% 以上，有的一寨一姓，也有一寨数姓。大寨几百户，中寨四五十户，小寨十来户。村寨较好保留畲族语言、居住、饮食、服饰、婚姻、丧葬、节日集会、手工艺品、畲拳（东家拳）等文化。其中，粑槽舞、凤凰装被列为省级非物质文化遗产名录，每年“四月八”为畲族“牛王节”“药王节”和“米王节”，妇女们均穿着“凤凰装”，跳着粑槽舞，展示畲族文化。

## 旅游服务

**酒店、农家乐** 下司镇上档次宾馆酒店出现于 21 世纪初。到 2017 年，主要有第一楼民俗文化饮食园（位于桃花山，二星级宾馆）、铜鼓民族风情园（位于原粮站处）、桦霖酒店（位于桃花路）、古镇大酒店（位于清江村，四星级客栈）、老渡口客栈（位于清江村，三星级客栈）、临江仙酒楼（位于清江村）、红云酒家（位于清江村）、下司第一楼（位于桃花山）、张老四狗肉馆（位于清江村）、云江酒楼（位于清江村）、谢六八狗肉店（位于清江村）、老朋友酒家（位于清江村）、思乡阁（位于清江村）和鼋沱庄酒店（原名清源酒店，位于激流回旋训练基地）等。

自 20 世纪 90 年代起，全镇以“吃农家饭，住农家屋，干农家活，玩农家乐”为主要内容的农家乐特色旅游快速兴起。到 2005 年，全镇农家乐发展到 72 户。2017 年，镇区内及周边农家乐餐饮主要有月亮岛度假村（位于清江村）、承芳野鸭山庄（位于沙飘村，三星级农家乐）、望江酒楼（位于清江村，三星级农家乐）、竹楼农家乐（位于清江村）、浪口农家（位于清江村）、江边狗肉店（位于沙飘村）、丰鱼寨（位于青狮坡）、钓鱼台山庄（位于青狮坡）、桔园农家（位于小河湾）。农家乐旅馆主要有桃花民居旅馆（位于桃花山）、响水脚民居旅馆（位于环城路）、仙满楼民居旅馆（位于环城路）、大桥客栈（位于环城路）、下司味道（位于大街，三星级农家乐）、亭边人家（位于古街区）和罗家民居旅馆（位于大街）等。

鼋沱庄酒店（2017 年） 杨育泽 摄

下司第一楼（2017 年） 杨育泽 摄

张老四狗肉馆（2017 年） 杨育泽 摄

和平村农家乐（2017 年） 杨育泽 摄

望江酒楼（2017 年） 杨育泽 摄

游客服务中心（2017 年）　　顾先文　摄

**游客服务中心**　位于下司中学旧址，建于 2013 年，占地面积 400 平方米，总投资 150 万元，为古镇唯一综合性旅游服务中心。负责向中外游客提供接待服务，有引导、服务、游憩、集散、解说、投诉等功能。中心楼在结构设计上既体现古镇民族风情，又融现代建筑为一体。外围采用玻璃材质，既具有通透度，又具有视觉体验。宽敞舒适的休息室里有影视设备、手机充电、行李寄存、拐杖雨伞、饮用水、轮椅和手推车等。中心的停车区域宽敞，能够满足自驾游游客停车需求。

**主题活动场所**

**大三线文化主题公园**　位于白午山区原国营红云器材厂和国营新云器材厂厂址，建于 2012 年，占地面积约 173 万平方米，有三线主题雕塑、石刻、苗侗风情建筑、博物馆、游客中心、老邮局、停车场及绿化亮化工程等景观。

大三线文化主题公园主题塑像（2015 年）
顾先文　摄

白午移民广场（2016 年）　　顾先文　摄

白午斗牛场斗牛盛况（2016 年）　　蒋建民　摄

**白午生态移民文化广场**　位于白午社区内，建于 2016 年，占地规划 40 万平方米。建有山体公园、鼓楼、观景长廊、休闲广场、山体公园道路及步道、广场亮化绿化工程、喷泉和体育运动场等。

**白午斗牛场**　又名“东方斗牛场”，建于 2012 年，位于古镇东面的白午村内，距镇中心约 4 千米，为下司景区内规模最大、最规范的斗牛场，可容纳观众近 4 万人，曾成功举办过多次“东方牛王争霸赛”活动。

通途　　蒋建民　摄

# 风土民情

下司镇是一个多民族聚居地，马尾河两岸风情迥然各异，三里不同音，五里不同俗，在历史上各种民族文化又相互交融，各种风土人情多姿多彩、异彩纷呈。

下司古镇民俗展示（2017 年） 顾先文 摄

## 美食小吃

**酸汤鱼** 以苗族酸汤烹制的一种鱼类菜肴。鱼取自当地河鱼（角角鱼、黄辣丁、鲢鱼、滚子鱼）或田鱼（鲤鱼），常用酸汤底料为米制“白酸汤”或西红柿制“红酸汤”。以花椒粒、木姜花或木姜籽、青椒片、葱蒜、鱼香菜等为调料，柴火烹煮。配以特制的

酸汤鱼 龙福美 摄

酸汤鱼 龙湖花 摄

辣椒蘸水食用最佳。食之汤鲜肉嫩，美味可口，增进食欲。

酸汤鱼为黔东南州名菜之一。2004 年 10 月，在第五届中国美食节暨第三届国际美食博览会上，“下司苗家酸汤鱼宴”获得最高荣誉奖——“金鼎奖”。2007 年 5 月，在中国第八届美食节暨第六届国际美食节博览会上，“苗家酸汤鱼宴”获得“金鼎奖”“中国名菜”“中国名宴”奖。

**稻烧狗肉** 稻烧狗肉又称草烧狗肉，为古镇名菜。以稻草熏烧狗肉至皮脆肉香，放入大锅辅以一定比例的生姜、山奈、草果、辣椒等作料，以木柴大火炖煮，至“肉香、汤鲜、皮脆、骨剔”为好。另将小铁锅架于木炭炉子上，舀进原汤，放入“狗肉香”（留兰香）、长葱、芫荽等香料，再放入切成小块的狗肉，即可食用。其皮肉香脆，味美汤鲜。亦有草烧后黄焖烹饪法，狗肉味美不腻，营养丰富。

**干锅野鸭** 采用本地生态养殖的美国绿头野鸭烹制的家常菜品。将野鸭宰杀去毛，砍成块状，配青椒、红椒等，辅以植物油、豆瓣酱、八角等作料烹饪。其肉质鲜嫩，味美可口，脂肪少，食之香辣过瘾，可补心养阴，行水去热，清补心肺。

干锅野鸭 杨育泽 摄

**带皮牛肉** 下司苗族、仫佬族居住区，历来有食用带皮牛肉的习俗。此菜肴加工技术独特，所烹饪的带皮牛肉，色泽红亮，软糯，汁稠，味香浓。

**鸡稀饭** 是当地苗族人家传统美食，被誉为“营养粥”。将成年鸡去除肠杂洗净，在锅中加水，放入整只鸡和适量大米，辅以姜块等作料，大火烧沸，小火炖熟，将鸡捞出砍成块食用，而米粥即为鸡稀饭，放入食盐拌匀即可食用。鸡稀饭味道鲜美可口，营养丰富。唯在苗族人家逢年过节、产妇生产或接待贵客时，方能享用到。

**霉豆腐** 霉豆腐为下司汉族人家传统豆制食品，为古镇传统小吃。将小块豆腐置于盆内发酵后，以高度白酒浇透取出，沾上拌均匀的辣椒面、花椒面、食盐等调料，放入坛内即可制成。霉豆腐含有多种氨基酸、矿物质和维生素，营养价值高。20 世纪 90 年代后，逐渐成为下司旅游食品之一。

**月亮粑** 月亮粑原为中秋节的祭品，后逐渐演变为平日吃食。以糯米与粳米按适当比例混合，于清水中浸泡一两天。用石磨磨细，用布袋滤浆制成米面。取米面搓圆团，

月亮粑 杨育泽 摄

按出窝口，拓薄，挑适量白糖、芝麻、花生、肉末、豆腐干等馅料掖入，捏拢收口后将面团放入垫有柚子叶的蒸锅中蒸熟即可。其造型精巧、色彩艳丽、清香甜糯、口感绵软弹牙。自20世纪90年代下司旅游开发后，被作为特色食品推入市场。

油炸豆腐 杨育泽 摄

**油炸豆腐** 为下司传统小吃。将水豆腐切成大小适中的小块，经泡水和滤水后，放入油锅煎炸至双面焦黄。舀进碗中，撒入折耳根、干辣椒面、葱花等佐料，即可食用。外酥里嫩，满口香辣。

手搓蓝莓冰粉 顾先文 摄

**手搓蓝莓冰粉** 蓝莓冰粉为消暑食品。主料为冰粉籽，辅料为清水和蓝莓果汁、白糖、熟芝麻等。按其比例混合，经手工反复搓揉而成。食用时，舀出冰粉，辅以适量的红糖、花生、瓜子、绿豆和枸杞等，撒上少许熟芝麻即可。手搓蓝莓冰粉为当地名为“桃妹”的妇女经反复实验而成。2016年9月，“桃妹蓝莓冰粉”被中国烹饪协会评为“中华名小吃”。蓝莓冰粉柔软有弹性，晶莹剔透，嫩滑爽口，酸爽馨香、冰凉甘甜，能降火。

酸汤米豆腐 李宗玲 摄

**酸汤米豆腐** 将石灰调成溶浆，加入浸泡水中的大米拌匀浸泡，待大米呈浅黄色，取出在清水中淘洗后，经过磨浆、加碱、熬制、冷却等程序，置于盆中成型。食用时，切成细小长条，配以纯正的米酸汤，辅以酸豇豆、酸萝卜丁、油辣椒、折耳根等作料即可食用。其色香味俱全，鲜嫩润滑，酸辣可口，含有多种维生素，具有清热败火、爽口解暑等功效。

# 土特名产

**板栗红薯** 板栗红薯为白午、铜鼓、摆仰和新民等村种植的薯类食品，其中白午村为主要生产基地，故习惯称“白午板栗红薯”。其表皮呈桃红色，与普通红皮番薯区别不大，有长条的，有椭圆的，大的达 4 ~ 4.5 千克。其内为金黄色，皮薄肉厚，味道甘甜，且具有栗子味道，煮熟后表皮皲裂，肉不带筋，口感细腻。其营养价值高，含有多种对人体有益的糖分、维生素、钙质和铁质，营养比普通红薯丰富。2017 年，全镇年产板栗红薯 1000 万千克。

**下司面条** 清光绪年间，四川商人周氏到下司，带来制面工艺。其所制面条有圆细和宽扁两种，很受欢迎。后经周氏多年摸索，经拉抻等十几道工序，产出“手拉空心银丝面”产品，内有银丝般细孔，口感绵软，曾作贡品送往京城。民国初期，下司生产出“咸水面”“盐水面”“蛋面”等多种产品，而以“周氏”品牌最为出名，其“手拉空心面”名声远扬，占据“贵族食品”地位。之后，当地人王吉珍等人创办手摇机制加工作坊。1949 年，下司从事手摇机制面条的作坊有 10 余家。1950 年后，下司面条受到计划

面条加工（2017 年） 顾先文 摄

经济影响。1981 年后，下司私人面条重新树立品牌。2011 年，品种有“黑面条”和“白面条”两种，均为精细手工面条，口感爽滑，光洁不断，面香四溢。特别是用本地小麦加工的“土面条”，被称为“黑脚杆”，煮时面汤不浑，成为一绝。2017 年，下司面条已成为古镇一种重要的旅游产品。曾有人多次将下司制面技艺引至异地生产，但由于缺少下司井水而做不出下司面条的口感和质量。

**下司野鸭** 下司野鸭为绿头鸭，故又称“大绿头”，为 2003 年由美国引进，又经当地培育而出的名优珍禽。成年公鸭的头和颈部羽毛均为绿色，有金属光泽；成年母鸭则全身为棕褐色。成年公鸭体重 1.2~1.4 千克，母鸭体重 1~1.2 千克。其肉质紧韧、瘦肉率高、含脂肪低、营养价值高，蛋白质含量高，具有适应性强、食性广、耐粗饲、疾病少、易饲养等特点。通过十多年来的原生态养殖，已形成品牌并销往省内都匀、贵阳、遵义、铜仁等地和湖南省。湾塘养殖基地是境内最大的野鸭养殖场，紧临河边，占地 100 余亩，水域面积上万亩。2017 年，出产成品野鸭 10 余万只。

**大坡豆腐** 马场村大坡大寨、隆堡大水田寨加工的水豆腐、油炸豆腐、烟熏豆腐、豆腐脑、霉豆腐、五香烤豆腐和血豆腐等远近闻名。其中，白豆腐绵软细嫩，乳色透明，营养丰富，小炒油炸或煮汤，均清香酥脆。烟熏豆腐系将白豆腐切成小方块，置于架子上，下以锯木面或炭火熏烤至棕黄色即成。全村依托烟熏豆腐生产已成为远近闻名的特色豆腐专业村。2017 年，有特色豆腐加工作坊 108 户，年加工生产豆腐 10 吨以上，户均年纯收入达 4 万元以上。

**大坡扫帚** 马场村大坡大寨村民利用农闲时间，以糯米草芯为材质，手工编扎制成扫帚，销往市场，并渐成产业。其价廉物美，扎实耐用，清扫干净，适宜于家庭使用。

下司野鸭群（2016 年） 杨育泽 摄

大坡村扫帚（2017 年） 杨育泽 摄

翁榜朗土香制作（2018 年） 顾满红 杨育泽 摄

2017 年，全村有扫帚加工户 152 户，年编扎 76 万把，户均扎扫帚 5000 把，年收入达 114 万元，户均增收 7500 余元。

**翁榜朗土香** 清江村翁榜朗组仫佬族村民以家庭为加工单位，以特殊传统工艺生产土香，其香气醇厚，经久不散，与香樟、香楠的浓香相比，略显清淡、自然。以木炭、竹子、香树叶、粘结料等为原料，以冲碓、刀、木桶等为工具，通过制备原料、和料、成型、晾晒、包装、窖藏等加工环节制成，产品有土香、木香、大香和青香等种类。2017 年，全组从事制香产业共有 102 户，年产量 100 余吨。

2015 年，此传统土香制品被列为第四批凯里市非物质文化遗产名录。

# 生活习俗

### 服饰发式

**苗族服饰** 铜鼓村、白午村、摆仰村、新华村、同兴村、和平村等村寨苗族均着家织土布缝制苗族服饰。

男装有对襟大褂和右襟长衫两种。青壮年男子多着对襟大褂，老年男装多为右襟长衫，头包青蓝布帕，下装多为宽裆长裤，脚穿布鞋。

女服饰，分童装、青少年装和老年装。女童装为右襟长衫，帽檐缀有银饰，穿布鞋。青少年平时着交叉口搭领、大袖、宽褊、布扣短衣，短褶裙，褶裙前后各拴盖裙帕。头结髻盘发，有的戴绣花露髻帽，也叫“箍箍帽”。腿至踝缠布裹脚，穿大口布袜。盛装，头髻插银牛角，髻根挽银链，戴银花，别银梳，戴项圈，身着缀满银饰的紫色绸缎衣，衣脚大褊绣花卉、挂银铃，背竖披缀满银泡绦带，左右手臂的绒料上各戴等同数量手圈，下着褶裙，裙前拴绣花帕，帕脚用彩须缀边，后裙盖紫色缎帕，帕脚织成网状，网线依次包裹银片，绑腿，穿绣花鞋。中老年妇女平时着交叉口便装，头搭青布帕，冬天束腰带，穿细褶裙，夏天穿夹鼻鞋，冬天穿布鞋。

**苗族头式**　下司苗族妇女发式造型复杂，古朴美观，极为独特，亦为典型唐宋遗风。分未婚和已婚两种。未婚的，女孩从五六岁就开始蓄发，十四五岁将长发挽成发髻置于顶上，头戴两侧绣花、无顶的“通天帽”，戴银花、别银梳，髻根挽银链，插银簪。十六七岁时，头发稍长，全部挽髻，不再戴帽。已婚的，则盘发髻，即头顶上仍挽着发髻，但在髻的前下方，即前额上方还需挽出形同波浪状帽檐、呈倒“S”形发式（又称“遮阳式”），髻上插银花或银梳。成年人在挽发髻前，往往需接上一节假发，抹上茶油，使头发光亮且易于定型。过年过节或出门走客，需要穿盛装时，头饰的装扮则更复杂，须有旁人帮助才能完成。即除了挽出发髻外，还需在髻上插上两根“刺猬

苗族中年妇女装　　杨育泽　摄

苗族少女盛装　　顾先文　摄

苗族女孩头式（2017 年）
杨爱青　摄

硬刺”，方足以固定、支撑在发髻上戴银梳、银链和牛角银花等较大饰物。插上所有的银饰品后，整个头式形同凤首高昂，熠熠生辉。

**仫佬族服饰** 男人上着大襟衣，下着大裆裤。女式服装分古装、便装两种。古装不开襟，衣长至膝，胸背缝有长宽约30厘米的方形绣花，花纹有“孔雀开屏”、“双凤朝阳”和各种几何图案。成年女性戴耳环、项链、手镯，胸佩银牌，腰系银链，婚后则挽网髻，扎银针、别玉簪，头绕丝帕，耳垂灰环，脚着钩尖绣花鞋（又称“扳尖鞋”），多着褶裙。民国以后，仫佬族服饰变化较大。其中，妇女服饰逐渐演变为蓝底右衽大襟衣，衣袖裤脚外褊绣花，腰拴花围腰，上有三尖角绣各式花卉围腰牌，缀两条绣花飘带，银饰逐渐减少，最后只有手镯和戒指。解放后，多改为右襟短衣等式样，男女服饰与当地汉族服饰越来越近似，大同小异。20世纪80年代后，区别几近消失。

**畲族服饰** 清乾隆《贵州通志》载：“衣尚浅蓝色，短不及膝，前覆后着，以花巾束发”。清陆次云著《峒溪纤志》载“衣短衣，尚蓝，妇著花裳，无袖，遮覆前后而已，细褶裙，仅蔽其膝”。民国《麻江县志》载：“妇以花布蒙首，项戴银环，束青带，着青裤。”

男装简朴，用青、蓝土布缝制，有长、短区分。着长衫束腰带，缠大围巾或戴帽，穿长裤和鞋袜为盛装。穿对襟短衫为便装，裤与盛装同。

女装分便装和盛装。便装为从左往右幅长过臀部的大襟衣，大襟缀一道宽边至左肩，再从右肩沿托肩缀至左肩，袖口缀一道白边红绿底花边，胸前拴围腰，围腰牌上绣制式样美观的图案，下着裤脚有红、绿、白3条边的大脚裤。盛装亦称凤凰装，已婚妇女盘发于脑后，插银簪，未婚女子则梳独辫于脑后并用丝绸线捆扎，均盖白底蓝花蜡染头帕，头帕两端镶红、绿两道花边，垂红缨须，头帕正中处缀以绿色珠子。着无领藏青色上衣，以若干件为一套，内长外短，花边层层露出。衣袖由3节组成，袖口节为白底蜡染花卉，中间节为红底刺绣花卉，肩轴节为本色布。衣服下摆和衣角均有红、白色刺绣花边装饰。腰系长4米，宽0.1米，两端各缀长0.2米缀须的丝织靛蓝色腰带及装钱币和梳妆物的腰包，着藏青色裤脚，宽约0.4米贴有彩色花边的大裆裤，裤脚镶宽约7厘米彩色挑花纹样的花边。小腿裹白底蜡染绑腿，穿船状翘鼻古式绣花鞋。额上饰瓜米吊、梅花吊、银铃吊、银鱼吊、银米吊等银饰，发饰别簪、插针、大花、小花、圆鬏花、插鬏花、鬏心花、巴尔花、六耳节等银饰，耳饰瓜米挂、耳块、大中小挂耳等银饰，颈挂一个、三个、五个、七个或九个为一套，内小外大的月亮形半凸凤凰图案银项圈，挂链与项圈间各有一个银蝶，戴手镯、银戒指等。

畲族凤凰装（左女装、右男装）　　龙福美　摄

凤凰装既是嫁妆，又是寿衣。出嫁时，穿双不穿单，富裕人家最多穿八件。老人去世时，穿单不穿双，最多达九件。平时出行、节日盛会、赴宴则穿着件数不限。

2007年，凤凰装被列入第二批贵州省级非物质文化遗产名录。

## 民居

**苗族民居**　历史上，以吊脚楼为代表的苗族民居建筑，主要分布于马尾河东岸的铜鼓、白午、摆仰、新华、同兴、和平、新民等村寨。主要有“吊脚式”“齐脚式”。其中，东面靠近凤凰山（又称“长岭岗”）的新华村等，由于地势较为陡险，因而“吊脚”

苗族传统民居（2016年）　　杨爱青　摄

的特征较明显。其“穿斗式”木质结构，多建造在斜坡上，为3层楼房，高约7米余，占地约130平方米，底层堆放杂物或圈养牲口家禽，二层住人，顶层较矮，用于存放粮食。铜鼓、白午、摆仰、和平等地多为一楼一底的齐脚式楼房，高约6米，为“退堂式”三开间，两端附带厢房或偏厦，总占地约160平方米。楼下住人，楼上存放粮食、生活用品等，亦兼作客房。底楼前半部光线充足，为生活区，后半部光线较暗，多为卧室。其中，正房中间为堂屋，地下中间设火塘，正墙上设有祖宗神龛，为祭祀、商议要事之屋，厨房多设在偏厦。畜圈、禽窝、柴棚、厕所等则建于宅旁。早期，楼顶多盖交错重叠的杉木皮。民国后，逐步盖上平顺严密、整齐美观的青瓦。吊脚木楼通风性能好，干爽宜居。大村寨吊脚楼廊檐相接，鳞次栉比，依山就势，蔚为壮观。20世纪90年代后，村寨中砖木结构及砖混结构房屋逐渐增多。

**汉族民居**　历史上，具有徽派风格的汉族民居建筑群，主要分布于马尾河西岸的马场、花桥、淑里和沙飘等村寨。多建于地势平缓地带，多以砖、木、石为原料，以木构架搭建。少数富裕人家建有四合院，用料硕大，且注重内外装饰，并有石雕等。自清朝起，“印子房”曾风行一时。“印子房”在外观上四四方方，很像官方的印章，故得名。其高六七米，占地面积约130平方米。其每个四方形房间，均以木料作桩和梁，再配以泥土搭建而成，顶盖青瓦，冬暖夏凉、防火防盗。建筑星罗棋布，相连成片，青瓦白墙，煞是美观。20世纪70年代后，“印子房”逐渐减少，新式砖瓦房逐渐增多。

汉族传统民居（2017年）　　　　杨育泽　摄

畲族传统民居（2017 年） 杨育泽 摄

**仫佬族、畲族民居** 清江村、瓮港村、新民村、花桥村的仫佬族民居，以及花桥村的畲族民居，多为一楼一底三开间或长五间的木质平房，大多建在较为开阔的坪地，分前院、房屋、后院和侧面搭建的附属建筑等，有些人家还建有厢房。其内部结构与苗族民居基本相似。畲族人民因聚族而居，故民居相连成片，蔚为壮观。20 世纪 90 年代后，仫佬族和畲族民居建筑风格逐渐多样化。

**古镇建筑群** 历史上，因下司古镇为苗族、仫佬族和汉族等多元文化交融地，故形成集苗族建筑和徽派建筑等于一体的建筑风格，主要集中分布于马尾河西岸江边的古镇核心区即清江村内。凡街道两侧，多为成排的一楼一底苗族木质结构建筑，间杂有少数

古镇民居（2017 年） 顾先文 摄

有着黛瓦、粉壁、马头墙的徽派土砖结构建筑。苗族木楼重檐青瓦，多为三间两进，也有五间两进，中间为堂屋，大门上带有腰门，门窗、吊瓜等装饰雕刻精美。木楼两头外间，多建有长约1.3米、宽约40厘米的“壁笼”（货柜），既有吊脚楼风格，又增添商业交易功能。内层卧室多铺木板（楼板），前面房间一般作休息用，冬天可烤火。汉族砖房建筑则飞檐翘角，雕柱镂砖，青瓦如鳞，显得宅高院深。少数人家建有四合深宅大院，装修豪华。

2011年1月，古镇建筑群被黔东南州人民政府列为州级文物保护单位。2013年后，古镇实施仿古改造，均传承传统建筑风格。

民约禁忌

议榔制度　苗语称“构榔”，是早期下司苗族、仫佬族和畲族社会内部不同宗的家族共同组成的地域性议事会组织，其议定的制度和事项为乡规民约性质，对维护当地的社会稳定、净化民情、保持民风曾发挥过重要作用。

## 附：1979年6月新华大队订立的议榔

麻江县铜鼓公社新华大队议榔条约

一、山泉水不准独霸，应由受益户统一安排，轮班用水灌田，偷水者，每小时罚5元。

二、偷砍松树每寸圆周罚5元，杉树每寸圆周罚7元。

三、偷砍风景树罚200元，肉、米、酒各100斤，香烟200包。

四、偷砍杂竹每株罚1元，摘笋子每棵罚0.5元。

五、荒山地已栽有树苗、桐子的，不准放牛踩踏，违者毁一株罚5元，本乡规民约不论大队内外，违者一律按此规定处理。

麻江县铜鼓公社新华大队全体社员订

一九七九年六月

禁忌　有生产禁忌和生活禁忌。生产忌“酉”（鸡）、“子”（鼠）、“午”（马）日播种，“丑”（牛）日不耕地。“活路头”（苗族村寨领导农业劳动的头人）未动土、泡种、播种、插秧之前，任何人不得先做这些农活。生活忌正月初一至初三扫地，向屋外倒水。新婚妇女在夫家未举行煮新饭仪式前，忌摸锅灶；回娘家新夫妇均忌摸娘家锅灶和到甑边添饭。丧葬月内，长子忌串寨、赶场、理发、进歌场等，3 年内丧家不贴红对联。忌非正常死亡者与正常死亡者同一片地安葬。忌同寨同姓男女青年“游方”、恋爱。

## 庙会集场

**庙会** 清朝和民国时期，由于下司是客商集散的重要码头，因而成为一处庙会活动繁多之地。江西会馆（万寿宫）在每年农历正月二十八日（许真君诞辰）举行“开朝”（又称“小朝”）祭祀活动，参加者多为江西客商及其家属。两湖会馆（禹王宫）每年农历六月六日举办膜拜大禹活动，参加者多为来自湖北、湖南的客商及其家属。福建会馆（天后宫）每年农历三月二十三日（妈祖诞辰）和九月九日（妈祖羽化升天日）举行隆重的祭典，参加者多为来自福建的客商及其家属。江浙会馆（三元宫）每年农历正月十五日（上元节）、七月十五日（中元节）和十月十五日（下元节）举办祭祀天官、地官和水官活动，参加者多为来自江苏、浙江的客商及其家属。观音阁每逢农历初一、十五和节气日都举行庙会活动，参加者多为下司本地人。玉皇阁于每年农历六月六日举行庙会活动，参加者多为下司本地人。鲁班庙每年农历六月十三日（鲁班诞辰）起举行三天祭祀庆典活动，参加者多为下司造船厂的木匠。1940 年后，由于水运衰落，外地客商逐渐减少，许多庙会日渐寥落。唯观音阁庙会延续至今，每逢节日，焚香者络绎不绝。

**赶场** 明清时期，下司民间赶场（赶集）日有七天赶一次的“大场”和五天赶一次的“小场”。“大场”最初设在下司镇中心西面 2.5 千米处的“马场”，“小场”设在下司湾子的“猪场坝”，故称“大场赶马、小场赶猪”。

清嘉庆年间，下司已发展成为清水江上游重要的商业口岸，商业繁荣，马场和猪场集市商人摩肩接踵、水泄不通。嘉庆十三年（1808）时，麻哈知州徐凤喈经考察决定开辟场地更大的下司集市，将集市搬迁到下司场坝，将午（马）日和亥（猪）日定为赶场天。马日往后五天到猪日，猪日往后七天到马日，于是又产生了新的“大场赶马、小场赶猪”。自集市搬到场坝后，场坝和小街开办了多家商号、货栈和餐馆，逐渐成为下司的商业贸易中心。1973 年改为每逢星期六赶场，邻近的凯里、舟溪、丹寨及麻江县民众云集，不下万人。2003 年 4 月，为适应商品经济、旅游经济、假日经济发展的需要，下司场期由星期六改为星期五。2005 年 5 月，清江村投资修建占地 4180 平方米的新商业贸易区竣工启用，钢架结构玻璃钢瓦棚中有肉食、成衣、鞋帽等摊位，建成东风路、和中路和新街经营门面房。每场一两万人入场，交易额几十万元。2017 年，清江村投资建成占地近 7 万平方米的大土集场启用，每场两三万人入场，交易额两三百万元。

## 岁时节俗

**芦笙节** 农历正月期间，白午、铜鼓、摆仰、新华、和平、同兴等村举行芦笙会。节日期间，以芦笙歌舞、唱山歌、斗牛为主要内容，会期一般 2 ~ 3 天，规模小的三五千人，大的逾万人。节日期间，芦笙堂上数十、上百支小芦笙和数米高的大芦笙

芦笙节（2017 年） 顾先文 摄

齐鸣，响彻数里。身着盛装的姑娘们，伴随芦笙曲调翩翩起舞，尽情欢乐。青年男女歌舞传情，寻觅意中人。入夜，节日苗寨沉浸在芦笙曲、猜拳声、酒歌声、情歌声的欢乐之中。

**二月二**　也叫“搭桥节”。是日，下司家家户户都煮食红蛋和糯米饭，有的人家会在此日为孩子“搭桥”、立“指路碑”等，以图孩子乖巧，凡事顺利，健康成长，并祈求全家平安。

**闹冲节**　农历二月的子（鼠）日和午（马）日，是苗族青年男女谈情说爱及集体游春活动的传统节日。当日，人们从四面八方涌来，相聚于铜鼓村翁约冲，青年男女成双成对或成群对唱情歌、谈情说爱，寻找意中人。中年人则成群对唱，重温美好的情爱过往。其间有斗牛、斗鸡、斗鸟等民俗活动，热闹非凡。

**四月八**　农历四月初八，原为畲族祭祖、祭牛王的一种祭祀活动，后演变为吹芦笙、唱山歌、斗牛、斗鸟、篮球赛等群众性的集会。当日，花桥村长江片区畲族人家均煮食花糯米饭，家家户户以丰盛的酒席招待客人。席间狗肉、花糯米饭必不可少。自四月初八起，开展各类集会活动。

**六月六晒书日**　每年的农历六月六，是龙王的“晒书日”。这一天，下司的苗族人家都有在当天将新衣服、盛装和寿衣等翻出来晒太阳的习惯。当地人认为，这一天晒过的衣服不会发霉，也不会生虫，故有“六月六日晒衣物，不怕虫咬不怕蛀”的说法。如果这一天下雨，当年的下半年就会天天出太阳，即干旱的日子较多，会影响粮食收成；如果这一天没有下雨，那下半年一定风调雨顺、五谷丰登。下司古镇街中人还在这一天办土地会，给“土地宫”贴对联，烧香焚纸敬酒。

闹冲节（2016年）　杨爱青　提供

畲族四月八吃的花糯米饭（2017年）
龙福美　摄

**吃新节** 又叫“吃卯节”“新禾节”，为下司苗族群众庆丰收的传统节日，在稻谷抽穗后的农历七月十三日前后，节期多为卯（兔）日。

卯日当天，清晨时到田里摘取 3 穗、5 穗或 7 穗已抽穗且颗粒饱满的谷穗，剥开若干新米粒，撒于蒸煮的糯米饭上蒸煮。将谷穗挂在神龛上，以鸡、鸭、鱼等祭品置于神龛上祭祀祖先后，全家人按长幼辈分入座，吃新米、饮丰收酒。

卯日过后，还举行两天的斗牛、斗鸟、赛马、闹冲、游方等活动，是男女青年交友择偶之佳期。

吃新节期间，苗寨通常于夜间举行“放七姑娘”娱乐活动。选一人充当“七姑娘”，众人以祭歌将“七姑娘”引入神界并与其一问一答，借助她向天帝祈问功名、寿命、财富、婚嫁、子女等事。

吃新节源于一个远古传说。据传，在经历一场特大洪灾后，地面上的稻谷绝迹。苗族祖先“姜央”便派手下的“告先”拿地上的九千九百九十九种珍禽宝兽，去天上换取稻谷种，却遭到雷公拒绝。在谷子成熟时，“告先”派一条狗上天偷取。但当狗偷得稻种时，却被天兵追打掉进天河中。聪明的狗在游过天河时，将尾巴露于水面，终于带回粘在上面的九粒稻种。从此，人间又有了金黄的稻谷。这个取得谷种的日子，正是农历七月卯日。后来，人们为记住这一事件，便在卯日吃新。

**仫佬年** 农历十月第一个卯（兔）日为下司仫佬族新年。

年前，家家杀猪、酿酒。过年前一天晚上，家家户户熄灭炉火，过年当日早上，由寨老主持安全防火活动——打保寨。接着，男人杀鸡宰鸭、下田捉鱼、打糍粑，女人到井边挑新水、煮饭、做豆腐。家家焚香烧纸，祭祖先、祭山神、祭田神，祈求老幼平安、五谷丰登，围桌用餐。随后的几天，举行赛歌、赛马、斗牛、斗鸡和斗鸟等民俗活动，男女青年唱歌游玩，谈情说爱。

相传，仫佬人选择在卯日过年有两个含义：一是仫佬人的祖先曾以兔子作为定亲礼物，成亲之日恰是农历十月的第一个兔日，故后人过年，有凭吊祖先、继承传统之意；二是九月秋收结束，十月过年，有庆贺丰收之意。仫佬人把“仫佬年”视为良辰吉日，许多人家都在此日娶亲嫁女，不另择日期。

**苗年** 当地亦称祭尤节，为新华村、白午村、马场村、新民村等村寨龙氏苗族的传统节日。每逢农历十月第一个子（鼠）日（若鼠日恰逢初一、初二，则推迟至第二个鼠日），便蒸糯米饭、打糍粑（第一槽糍粑当日不能食用）、杀猪。次日，用草灰水煮熟鲤

苗年打糍粑（1998 年） 杨爱青 提供

鱼或鲫鱼，与 12 碗甜酒、12 块小糍粑、3 块大糍粑及香火，祭祀祖先（此前制作甜酒的过程中不能品尝，亦不能开封），祭祀结束后主客方可开餐。丑（牛）日起连续举行三日斗牛、游方等民族活动。

## 民俗礼仪

**游方** “游方”系苗语音译词，是下司苗族未婚男女青年之间的公开社交活动，又称“摇马郎”。通过这一方式，结交异性，选择伴侣。

在每个寨子里，都有专供青年人谈情说爱的公共场所，或为山坡，或为草坪，叫“游方坡”、“游方场”、“游方坪”、“马郎场”或“马郎坡”，一般位于村寨后面或侧面的山地上。夜间，外村寨男青年们来到“游方场”后，通过吹木叶、吸口哨（用拇指和食指捏住下嘴唇吸气）等信号邀约姑娘聚到游方场后，男女青年便对唱情歌、互诉衷情、传达爱意。在多次游方中相互倾心后，便交换信物（衣服、围腰、首饰等），随着感情的发展，再订立婚约，结为伴侣。

**提亲** 先是男方父母带礼物上门请媒人，媒人接受重托后，便择吉日提礼前往女方家“讨口风”。媒人先主动与女方父母闲谈，套近乎，话题渐入儿女终身大事，择机切入正题。若女方家有意，也不会直接答应，而媒人理会后则会感激说“我过几天再来听好消息”等话语。当媒人空手离开时，则说明此事大有希望。如女方父母不同意，则将礼品退回。之后，媒人多次穿梭于双方之间，传递信息。当确认女方家已同意后，便择吉日，带上小伙子前往女方家交流增进感情。女方父母也会适时遣女儿及其婶婶、姑妈和姐妹们等前往了解男方家庭条件、生活环境、为人处世及邻里关系等。如不中意，便找借口离开。如中意，当天夜宿。次日辞行时，男方家则向女子及随行人员赠物，俗称“打发”。赠予女子的多为首饰、布匹或现金。如女方收下，则表示此亲事已确定下来。之后，媒人约定下聘礼时间，男方则开始着手准备聘礼之事。

**讨八字** 在下司汉族的婚嫁传统程序中，有“讨八字”的风俗。当男方家请媒人到女方家说媒两三次后，如见女方家有意，便择日由媒人带着较多的礼物和“庚书”，到女方家讨生辰八字。女方家长将女儿的生辰八字写在红纸帖子上（俗称“庚帖”），转由媒人捎回，交给男方家长。收到庚帖后，男方家便拿去合八字，以择定娶亲吉日。

**偷月亮粑** 偷月亮粑是下司汉族风俗。每到八月十五中秋节，家家户户都蒸煮月亮粑。子时，皓月当空，便将月亮粑、瓜子和糖果等食品摆放于大门前的桌子上，祭祀月亮婆婆（又称“敬月神”）。街上戏耍的小孩，看见桌子上的月亮粑，都可以“偷”走。谁家的月亮粑被“偷”走了，则预示着来年子孙发达，生活如意。

苗族婚礼上新人敬酒（2012 年） 杨爱青 提供

**送冬瓜** 送冬瓜是下司汉族的生育文化风俗。每年八月十五中秋之夜，居住在清江村街上的中青年人，相约到地里摘取一个又大又长的冬瓜（也称“毛冬瓜”），将其打扮成“胖娃娃”，再带上一群儿童，将“胖娃娃”扛起，前往街上结婚已久尚未生育的人家。进家后，主人将“胖娃娃”背（或抱）到床上，并在床上淋洒一些水（意为娃娃尿床），大家纷纷说些“来年生个胖娃娃”之类的祝福语。事毕，主人家盛情款待众人一餐。

**放河灯** 下司人在农历七月十三日这一天过中元节（俗称“七月半”）。当晚 9 时左右，人们纷纷来到河边，竞相在河中燃放河灯，借以表示对逝去亲人的悼念，对亲朋好友的祝福，寄希望于长流之水，祛病消灾，幸福安康。民国时，人们在第一盏河灯里，放大洋（银圆）一块。当其漂流到河中时，众多年轻人纷纷下水争抢河灯里的大洋。

**玩龙灯** 每年元宵节，下司古镇都有玩龙灯的习俗，意在驱邪避害，保佑平安，祈求来年风调雨顺，五谷丰登。正月初三开始编扎“长龙”。初九，人们抬着“龙”到清水江边“请水”，再去拜古镇内四大庙宇。十五日晚，青年人举着龙灯在大街上一路蜿蜒翻滚，沿街巡回，称玩龙灯（又叫耍龙）。途中，凡是接龙的人家，都会放爆竹、烟花等。直到十六日黎明时分结束。天亮后，人们将龙送到江边烧掉。有人撕下“龙衣”，有人则抽下“龙须”捆在手上或套在小腿上，有人买走龙灯中的红宝，皆欲讨吉祥。人们杀猪聚餐，寓意吃“龙肉”。

民间玩龙灯活动（2017 年） 袁蕊倩 提供

苗族斗牛 顾先文 摄

苗族拦门酒（2017 年） 杨爱青 提供

**畲族包菜** 历史上，下司镇长江片区畲族民众有“包菜”习俗，无论谁家操办红白喜事，宴席上所有的干菜（炒菜、蒸菜、腌菜等）都可以打包回家，凡入住的客人每人一份，所用包菜为紫芋宽大的叶子（俗称“广菜叶”），汤菜为席上食用。因这一旧俗较耗费钱财，故族老们于 1987 年专门召开片区族长大会，达成废除此俗的共识，之后这一民间习俗逐渐消失。

**苗族斗牛** 苗族斗牛，俗称牛打架，为下司镇苗族悠久的传统节日民俗活动。境内的铜鼓村、白午村、摆仰村、同兴村、和平村、新华村等苗寨，都有各自的斗牛场，一般在寨子周边草地上。2005 年后，逐渐建成较规范的斗牛场。比赛按参赛斗牛的胸围大小，分“轻量级”“中量级”“重量级”等组别进行比赛。两牛进场后，多飞奔对撞，四角搏击，或顶或抠或拍或撬，精彩激烈。观众情绪激昂，掌声雷动，叫好声、惊叹声、欢呼声、吼声震天。得胜牛王，载誉而归，亲朋好友皆前去庆贺，不醉不归。

**敬鸡头和敬鸡肝** 苗族将鸡头和鸡肝视为头等食材，故就餐时，会将之敬献给年长者或客人，年轻人若吃了，便被视为不懂礼节并遭众人指责。若席间有客人，好客的主人往往将鸡头夹给客人，而客人都会礼貌地将鸡头转敬给席间的老人或年长者。如席间有多位老人，则将鸡肝敬给较年长者，或几位老人分食之。

**拦门酒** 是下司苗寨一种古老的习俗，也是一项隆重的礼节。每当寨中有嫁娶等喜事时，亲戚朋友们都要上门送礼贺喜。主人家便请来寨中穿金戴银的女孩子和歌手，在家门前的通道上摆上几道拦路酒（拦门酒），最多达 12 道，手持牛角酒盛情迎接客人。而客人须喝完每道拦路酒方可“通关”。

# 歌舞　武术

**苗族古歌**　下司苗族古歌又称“古辞”，流传于铜鼓村、白午村、摆仰村、新华村、同兴村、和平村等，歌师们可唱几天几夜乃至十天半月。古歌以诗化的语言，叙述开天辟地、物种起源、铸造日月、人类繁衍、洪水滔天、苗族迁徙、古代的社会制度、衣食住行、婚丧嫁娶、信仰禁忌、伦理道德等内容。

古歌大多在祭祖、婚丧、亲友聚会和节庆等重大场合时演唱，演唱者多为中老年人、巫师。演唱者心怀敬畏，演唱气氛庄重肃穆。平常的酒席，有时也会演唱。演唱时，分主客双方对坐，采用“盘歌”形式一问一答，调子雄壮而苍凉。

2006 年 5 月，苗族古歌被列入第一批国家级非物质文化遗产名录。

**山歌**　下司的苗族、汉族、畲族和仫佬族，都有对山歌的习俗。其语言简洁、通俗易懂、委婉动听，常采用比兴等手法，或倾诉男女爱情，或激发劳动热情，或表达伤感，或抒发激情，内容丰富，涉及生产生活方方面面。

山歌的调子一般固定不变，苗族多为五言体，汉族多为七言体，但多为四句一段，结构短小。一般是见景生情，随感而发，即兴演唱，朴实自然。

## 附 1：苗族情歌四首

| | 苗语 | 汉语大意 |
|---|---|---|
| 男： | Dul xit jas jangx hxib， | 碰到好柴及时砍， |
| | Lol xit jas jangx niangb， | 遇见情妹快结交， |
| | Dangl mait dios nix hvib， | 等到阿妹喜欢哥， |
| | Dangl xongt dios nix hvib， | 待到阿哥中意妹， |

Lul fat sangs niox hsab。　　光阴已过人变老。

女：Dax bib nil jas vangt，　　恋爱须趁年轻时，
Tab lax ghail sangs fat，　　青春时光须臾过，
Ghox hnaib ngal diangd jit，　　太阳落山又出来，
Ax niangb lul diangd vangt。　　人老不会返还童。

男：Khab sex khab lol hmat，　　阿哥能说阿哥说，
Vob sex vob lol hmat，　　阿妹会唱阿妹唱，
Bib nil jangx bib dot，　　相亲相恋成双对，
Ax nil jangx bib fat。　　不恋枉把机缘错。

女：Jent sex cob，　　风能吹，
Cob dail det ghongx ghab，　　吹得树拔根，
Xongt sex hveb，　　哥会讲，
Dlab dail mait bongx hvib。　　讲得妹倾心。

汉族山歌有情歌、酒歌、地名歌、猜歌、劝世歌、趣事歌和叙旧歌等，内容涉及生产生活、社会、历史、地理、人文等。

## 附 2：汉族情歌两首

男：太阳出来照白岩，金花银花滚下来。
金花银花我不爱，只爱情妹好人才。

女：油菜开花满田黄，桂花开花千里香。
只要哥哥你有意，妹是单身来陪郎。

## 附 3：汉族猜歌一首

问：什么无嘴响当当？什么汇集进长江？
什么有脚不走路？什么无脚走四方？
答：铜锣无嘴响当当，雨水汇集下长江，
板凳有脚不走路，扁担无脚走四方。

历史上，下司仫佬族和畲族都以本民族的语言对歌。其中，仫佬族民歌分三种：一种叫“随口答”，为对唱式即兴编唱情歌；一种叫“口风”，为讽刺歌；另一种叫“古条”，为传统叙事长歌。每首有四句、五句、六句乃至几十句的，有三字句、六字句、十一字句、六字头七字尾等句式的，但都押韵。

自 20 世纪 90 年代后，受汉文化的影响，许多风格逐渐改变，基本上用汉语对唱。

## 附 4：流传于仫佬族和畲族地区民歌一首

大田栽秧行对行，一对鸳鸯来乘凉。
春风春雨播芳香，幸福日子像蜜糖。

**苗族板凳舞** 因以板凳作为道具和伴奏器材而得名，是苗族群众（以妇女为主）在酒后娱乐和嬉戏时跳的一种舞蹈。舞蹈场地不限，或在家中，或在院坝，或在路边。

跳法有两种。一种是一名妇女双手各持一条小板凳敲击节拍，其余妇女绕圈，随节奏拍手，双脚轮换跳跃。另一种是所有舞者双手各持一条小板凳敲击节奏，绕圈转跳。间有唱歌或吆喝，歌词内容多结合酒宴主题即兴而编。

舞蹈鼓点多采用 3/4 拍和 4/4 拍节奏，随着变换敲击的节奏，人群舞步及队形不断变化，众人时而聚拢，时而散开。舞者动作粗犷豪放，节奏感强，间以臀部互相碰撞，褶裙飞扬，气氛热烈，场面壮观，表现出苗族人民情豪放、热情待客的性格。

**粑槽舞** 下司畲族粑槽舞，传说源于古代一位名叫“代赖”的族长葬礼上冲粑槽的活动，后沿用于老人葬礼被传承下来，并发展为古朴的舞踏形式。原限男人参加，20 世纪中叶后，部分地区妇女也参与。畲族人认为跳了粑槽舞后，逝者的灵魂才会被先祖们认同。

苗族板凳舞（2013 年） 铜鼓村 提供

在畲族葬礼中，老人去世后，死者亲属、寨邻和前来吊唁的亲友在死者灵柩前冲粑槽。舞前，“巫师”口中念念有词，将一个生鸡蛋放入粑槽内，执棒捣烂，将粑槽翻扑于地后开始用粑杠（冲杵）冲粑槽。一般有敲击木鼓和铜鼓的年老者各 1 人，随木鼓节拍敲击粑槽而舞的青壮年 4 人，另有若干人随之舞蹈。随着击鼓者变换敲击鼓面或鼓身，舞者随之变换敲击粑槽底部或以粑杠击打左右舞者粑杠。整套舞蹈有上下各 12 个小节，每小节终了时，需绕粑槽转圈并以粑杠相击，场面壮观。跳完整套，约一个半小时。

逝者下葬之前，每天舞蹈跳至深夜甚至天明之前。送逝者上山时，需跳最后一次。舞毕，舞者合力将粑槽翻转回来，齐声大喊：“公（太）得去了（意为死者已带着美好的祝愿跟随祖先而去了）。”众人方抬逝者上山安葬。

中华人民共和国成立后，粑槽舞不仅用于祭祀活动，还用于节日庆典、庆丰收等活动，但曲调与丧葬有区别。2005 年，粑槽舞被列入贵州省省级非物质文化遗产保护名录。

粑槽舞（2017 年） 顾先文 摄

**仫佬族武术** 龙里村仫佬族武术，为群众安身立命及强身健体之术，历代传男不传女。男子多自幼习武，传承较好。主要有拳术、刀术、枪术、棍术。

拳术中，砺拳有108套，以硬功为主，有冲、劈、削等特点，动作刚劲有力，利于实战，无花架子。技法上，偏重上肢运动，有手臂挥、舞、拨、劈、挑、勾、拦、推等动作。身法上，讲究下盘稳固，忌轻浮，忌大跳步，重肘沉肩，含胸拔背，常用弓步、虎步、丁步、跪步、歇步等，以保持重心，平衡姿势，动作快而不乱，猛而不浮。

## 方言土语

**汉语** 下司镇汉语方言俗称“下司话”，属北方方言区西南官话川贵话系统中的黔南话，语音与普通话和中古音系对应相当整齐，语法、词汇与北方方言比较一致。下司汉语语音有声母21个，韵母32个。因其历史上长期隶属麻江县，又长期受到当地少数民族语言的影响，语音接近麻江话。

**生活谚语**

不嫌你糠粗，反嫌我米糙。

好话七分软，丑话半句多。

钱在高岩，不苦不来。

棒头滚进城，三年变成精。

把舵的不慌，乘船的稳当。

**农事谚语**

初雷出现早，今年雨水好。

二月初一晴，木叶发两层。

栽秧烤火，谷不用籮。

六月六，大米不出小米出。

七月初一晴，八月无雨淋。

十月打大雷，五谷堆满仓。

冬雨逢甲子，牛马要冻死。

早雨不过午，午雨大更鼓。

腊月连降三场雪，来年病虫要死绝。

**谐音歇后语**

白纸炒黄豆——假哥（锅）[①]

耗子爬烟囱——走霉（煤）路

**推义歇后语**

蚂蚁磕头——天知道

芭茅草搭桥——难过

炒花生下酒——干脆

三十晚的公鸡——有命也不长

茅坑边下棋——臭气相同

大年三十接媳妇——双喜临门

隔着清水江握手——差得太远

麻线上接电灯——路线不对

信用社发白条子——假的

**苗语** 下司苗族语言属苗语黔东方言北部土语，为聚居在铜鼓、摆仰、新华、白午、同兴、和平等村的苗族人口母语，与苗语黔东方言养蒿标准音点的声、韵、调大同小异。

声母，包括借用外来语的“r”在内，有b、p、m、f、hf、w、d、t、n、dl、l、z、c、s、hs、r、j、q、x、hx、y、g、k、ng、h、v、hv、gh、kh共29个，比养蒿标准音点32个声母少hm、hn、hl 3个。下司铜鼓土语的声母，比摆仰等地多“hl”，这个声母只能独拼1个动词“hleb”（意为揭锅盖）。

韵母，有a、o、e、ai、ao、ei、en、ang、ong、i、ia、io、ie、iao、iu、in、iang、iong、u共19个，比养蒿标准音点的韵母少ee、iee、ua、uai、un、uang 6个。

---

① 在下司方言中，“哥”与“锅”读音相同。

声调，苗语黔东方言养蒿标准音有 8 个声调，调号分别为 b、x、d、l、t、s、k、f。下司苗语有 7 个声调，比养蒿标准音点少 f 调。

下司苗语部分词汇表

表 2

| 苗语 | 汉语 |
|---|---|
| ghet | 祖父 |
| wuk | 祖母 |
| bad | 父亲 |
| ghet | 祖父 |
| wuk | 祖母 |
| bad | 父亲 |
| mais | 母亲 |
| bud | 兄长 |
| yil | 弟弟 |
| ad | 姐姐 |
| jid | 妹妹 |
| noagx gad | 吃饭 |
| nongx vob | 吃菜 |
| gad sod | 早饭 |
| gad hnaib | 午饭 |
| gad hmangt | 晚饭 |
| nongx nix | 吃肉 |
| hek jud | 喝酒 |
| hek eb jinl | 喝茶 |

**谚语**

| 苗语 | 汉语大意 |
|---|---|
| Nongx nongf bangf jef xangd， | 自食其力方长久， |
| Baol baib gad dias dias。 | 他人送食偶几餐。 |
| ed det ed diongx hmongb， | 择树择实心， |
| ed naix ed hvib hvongb。 | 交人交真心。 |
| hmid gek hmid baix， | 牙齿硬却先脱落， |
| nif mais nif niangb。 | 舌头软却较长寿。 |

| | |
|---|---|
| Ait det xab vangl, | 古树庇佑村寨， |
| Ait hfend khad fangb。 | 寨佬造福一方。 |
| Bad yongd bil dib daib, | 育儿野蛮粗暴， |
| Daib hlieb daib dib bad。 | 儿大暴力虐父。 |
| Dlas ax naf xangx bil, | 富不讥嘲他人， |
| Hxat ax naf ghab dliangb。 | 穷不丧失志气。 |
| Hangd des dail diel tid zaid, | 宁帮通情达理者建大房屋， |
| Ax des dail niad hleid waok。 | 不为顽固倔强者削小陀螺。 |

**仫佬语**　仫佬族语言属汉藏语系壮侗语族侗水语支。龙里寨的语言能代表整个下司片区仫佬族方言的特征。其有声母 26 个，韵母 22 个，声调 5 个。声母有三个特点：一是没有卷舌音，二是摩擦音比较发达，三是有小舌音；韵母与汉语接近，多一个上高元音。从语言系属上看，下司仫佬语与汉藏语系苗瑶语较为接近。1949 年前后，下司的仫佬人还通用仫佬语，20 世纪 80 年代，一些老年人仍说仫佬语。随着社会、经济的发展和外来文化的影响，今已无人会说完整的仫佬语。

部分仫佬语词汇表

表 3

| 仫佬语（汉语读音） | 汉语 |
|---|---|
| 然 | 一 |
| 陋 | 二 |
| 达 | 三 |
| 保 | 四 |
| 木 | 五 |
| 浓 | 六 |
| 劳 | 七 |
| 傲 | 八 |
| 唆 | 九 |
| 娄 | 十 |
| 打根 | 祖公 |
| 差根 | 祖太 |

续表 3

| 仫佬语（汉语读音） | 汉语 |
| --- | --- |
| 勾莫 | 吃饭 |
| 勾巫 | 吃肉 |
| 勾阿 | 吃菜 |
| 勾背 | 吃酒 |
| 勾莫保 | 吃早饭 |
| 勾莫如 | 吃午饭 |
| 勾莫杀 | 吃晚饭 |
| 公先 | 头 |
| 吕若 | 眼睛 |
| 边吗 | 嘴巴 |
| 边王 | 鼻子 |
| 吕送 | 脖子 |
| 补帮 | 肩膀 |
| 波搞 | 脚 |
| 么 | 来 |
| 比 | 去 |
| 登老 | 休息 |
| 翻开 | 赶场 |
| 补鲁 | 箩筐 |

**畲语** 畲族语言过去叫“东家话”，为境内花桥村长江片区畲族的母语，属汉藏语系苗瑶语族苗语支。下司畲话的语音有闭塞音、塞擦音、塞边音等，分有不带鼻冠音和带鼻冠音两种，与汉语在音节分类、性质分类、结构分类方面基本相同，但语法和语义有很大差别。畲语从同源词的角度来看，与重安江（属黄平县）次方言的关系最接近，同源词比例为 80.5%；与惠水县（属黔南地区）次方言同源词比例为 78.7%。从语音演变特征来看，东家话的演变特征与重安江次方言的相同点最多，其声母相似度也最高；惠水次方言次之。但东家话又独具诸多语音特征，即声母出现大量的介音，声母高度腭化。

# 传统技艺

**苗族刺绣**　苗族刺绣技艺流传于铜鼓村、白午村、摆仰村、新华村、同兴村、和平村等苗族村寨内，为苗族女装工艺中的精品。其在技法上有平绣、绉绣、破丝绣和数纱绣等。平绣，针法为单针单线，线条流畅，针脚排列均匀，丝路平整，布局合理，清新明丽；绉绣，先将与绉绣中相同的辫带，按照剪纸图案，由里向外将辫带呈左右或前后摆平环绕，用针将其固定，辫带走向明朗，有一定规律性；破丝绣，将彩色丝线以手破分成多股细丝线，可绣出具有渐变过渡色和各种复合色的效果；数纱绣，根据自制土布的经纬线，采用平绣的针法绣出呈几何形纹样的各种图案。这些技法中，

苗族刺绣　杨爱青　提供

苗族织锦　顾先文　摄

又有若干针法，如锁绣就有双针锁和单针锁，破线绣有破粗线和破细线等。使用不同的技法和针法，就可以形成不同的构图风格，而一件绣品往往需要多种技法来完成。经多件绣片采用贴花、粘花和补花等手工工艺与服饰布料结合后，便成为多种刺绣技法的集合体。

2010 年，苗族刺绣被列入第三批国家级非物质文化遗产名录。

**苗族织锦**　下司苗族织锦是苗族妇女利用蚕丝、苎麻、木棉等纤维染彩，通过织布机挑经织纬和纬线起花织造而成的锦布或锦带。清田雯《黔书》称此织法为“通经回纬”。苗族织锦的织造，分“素锦”和“彩锦”两大类。其中，素锦多以黑白为基调。织锦的经线上织布机后，用一块光滑竹片，按设计花纹，从右至左顺序沿经线一根一根或几根几根挑通，然后顺竹片引进纬线，不断循环方织成锦布。锦布图案多取自大自然，以几何纹为主，有锯齿纹、虎爪纹、蝌蚪纹、龙虎纹等各类动物纹和植物纹等，或取特点鲜明的头、角、足、爪、眼等，抽象简化变形处理，夸张、生动、传神，图案鲜艳明快、美观大方。每平方厘米可达到 60 经 90 纬，数尺锦布，即便是熟练织女，亦耗时数月方织成。织锦成品多作背带芯用。年轻妇女背娃出行时，背带芯的优劣，常为妇女们品评的话题。

2008 年 6 月，苗族织锦技艺被列入第二批国家级非物质文化遗产名录。

**酸汤制作**　酸汤是下司苗族家庭之家常饮品，系大米等食材通过微生物发酵生成。家家户户都有用于制作和盛装酸汤的土坛子。酸汤含多种维生素，有 8 种人体必需的氨基酸和丰富的蛋白质，具有止渴生津、开胃健脾、营养下饭的功能。当地广泛流传“一

盛装米酸汤的坛子
顾先文　摄

酸汤菜　吴聪明　摄

天不吃酸，哈欠连连干；两天不吃酸，饭菜不想拈；三天不吃酸，走路打‘捞圈’（方言，偏偏倒倒之义）；一天一碗酸，体壮爬高山；一天两碗酸，长寿比南山”的说法。

苗族酸汤种类繁多，在制作技术上各有千秋。在下司，最为常见、食者最多、影响最大的为“红酸汤”和“白酸汤”。红酸汤又分“糟辣酸”“毛辣果酸”“红油酸”“辣酱酸”等，白酸汤又分“米制白酸”和“面制白酸”等。“糟辣酸”主要制作原料为新鲜的红辣椒、生姜、白酒和食盐。其色泽红亮，辣味浓，酸味鲜美，脆嫩爽口，保质期长，不易变质。“毛辣果酸”主要制作原料为西红柿、生姜、大蒜、红辣椒、食盐和白酒等。“米制白酸”主要用大米及煮饭烧开的清米汤发酵生成，有回甜感，气味清香，味道清淡，保存期久。“面制白酸”主要以老面团、糯米为原料制作而成，乳白浓稠，口味浓郁，愈存愈香。各种酸汤的制作秘诀在于原料的配搭比例和发酵流程。酸汤可用于煮酸汤鱼、酸汤鸡、酸汤鸭、酸汤狗肉、酸汤羊肉、酸汤牛杂、酸汤猪脚、酸汤大肠、酸汤排骨、酸汤螺蛳等系列酸汤菜肴。

## 水运风情

清水江水运黄金时期，下司曾经出现一些与航运有关的特殊人群，形成一道独特的水运风景线，为古镇留下一道道深刻的记忆。

**水客**　水客就是那些常年通过航运、专门贩运货物和木材的商人，也称“船老板”。他们将两湖、江浙的布匹油盐逆流而上，汇集到下司后，上岸分流，转手给各地的马帮。来自云、贵的烟土皮货等涌向这里，转手给“船老板”，顺江而下，直至洪江、洞庭湖。每天数百名水客往来于江中，摇船划撸，遥相呼应，买进卖出，喧嚣河道。民国《贵州通志》载“黔楚商船，千帆箕张，云翔上下”，又载“往返于洪江至贵州的苗船商队，大的多达数十艘船只”。每次出发，他们都要选择良辰吉日。每贩运一趟货物，他们都会赚取一笔钱财。水客还是下司最重要的信息传递者，外界各种新的生活方式也由他们带来。

**苗族船夫** 苗族船夫多为来自周边苗寨镰刀湾、红岩、三江、同车、翁东、富江、卡乌、和平等村寨，受雇于船老板的苗族青年。他们身体彪悍、身手敏捷，常年来往于下司到湖南的水路上。他们能记住每一河段里的暗礁，风雨无阻，打着号子来去自如。所撑小船被称为“苗船”，以两舱为多，载重在1吨左右，轻巧而吃水浅，易于过滩。每次出行都四五条船结伴而行，在船上从不说任何不吉利的话。其时，在洪江下游的“洪船”或“麻阳船”上，也多有苗族船夫操纵驾驶。他们来回下司与洪江一趟，往往需要半个多月。

**脚板行** 下司码头吞吐量大，江上布满货船，岸边站满马帮。每天，有许许多多的粮包、盐袋需要下船打包，有林林总总的货物需要卸下装船，故码头上常年有近百名固定装卸工，人称“脚板行”。他们专干扛大包、背杂货、卖力气的活儿。他们练就强健有力的“铁脚板”，能背50余千克货物健步如飞，踩得码头上的大青条石光滑溜平。农忙时，脚板行们就赶回家干几天的活。民国时，为维护自身权益，脚板行们建有“下司工人联合会”。当时，曾有顺口溜：“一根粗绳两只手，肩背人扛汗直流，一天卸载数十趟，只够养家和糊口。”

**掮客** 下司码头的资本市场上，曾经活跃着一群有头脑、会投机、懂信息、专替别人介绍买卖、从中赚取佣金的投机者群体，即“掮客”。他们成天穿梭在各种人群之间，要么为水客寻找货源，要么为马帮联系货物，要么为客栈介绍客源，要么为客商引路就餐，叫作“做货”。他们头脑活络，人脉广泛，深谙此道，严守商业秘密，点头、眼神都成为生意的暗语。成功帮助别人的资本流动后，自己可以从中赚取中介钱。

码头“脚板行”塑像（局部） 杨育泽 摄

古镇江边驯犬人（2017 年）　　李勋　摄

# 下司名片

下司是贵州省黔东南苗族侗族自治州的江边小镇。下司犬闻名于世；铜鼓苗族农民画蓬勃发展，艺术氛围浓厚；划龙舟、独竹漂、急流回旋已成为下司水上体育的重要活动。近年来，下司致力于旅游开发，打造集文化、旅游、休闲、度假、娱乐于一体的特色小城镇，下司犬、铜鼓苗族农民画、水上体育已成为下司旅游开发、经济发展中不可多得的闪亮名片。

纯种下司幼犬（2016 年） 下司猎犬协会 提供

# 世界名犬——下司犬

**名犬溯源** 下司犬为当地民众长期驯化选育出来的猎犬，主要分布在下司镇及周边的凯里、麻江、雷山、丹寨、黄平、台江等地。

据传，清乾隆年间，下司的“白龙犬”在京郊的围猎场围猎时表现突出，得到乾隆皇帝赐予“下司犬”一名。1938 年，国民党陆军通信学校迁至贵州省麻江县，校特种通讯队的军犬所设于下司，下司犬始为中国军犬界认识和了解。1987 年，金盾出版社出版的《世界名犬欣赏》称其为“中国第一，世界第三”著名猎犬。1990 年,《黔东南州农业志》称“下司猎狗在省内外闻名”。1991 年,《麻江县志》将下司犬记入其中。2000 年 8 月 3 日,《农民日报》载文称其为集猎用、肉用和观赏于一体的“国宝”。2007 年，贵州省农业厅、贵州省省质量技术监督局发布“下司犬地方标准”。2008 年 9 月，由贵

下司犬 顾先文 摄

下司犬“长蔗秆毛”（左）与“短蔗秆毛”（右）
顾先文 摄

州音像教育出版社出版的《东方神猎——贵州下司猎犬的挑选及鉴赏》，称其在“世界猎犬排名中位居第三”。

**外部特征** 下司犬因外形体毛毛质粗硬，俗称“蔗秆毛”，分“长蔗秆毛”和“短蔗秆毛”两种。下司犬相貌凶猛，体毛光亮洁白，眼圈、嘴、鼻、舌红润。头部粗大，头顶至嘴呈倒梯形，颈部粗短，额头宽平，眼睛大而圆，有神，形似铜铃，耳朵皮薄直立，鼻镜宽大，嘴形方正，牙齿粗大锋利，舌面有黑色或蓝色斑点。胸部深圆，腹部紧收，肛门大而突出，尾似鼠尾且尾尖直立。四肢强健，足底厚实，脚趾弯钩适中，趾间疏展，步幅阔大，步韵流畅。

当地民间还流传着“虎头蛇腰鼠尾肘子脚，空鼻红眼耳直立”和“狮头虎身老鼠尾，三红三黑蔗秆白”等下司犬外部特征的顺口溜。

**捕猎技能** 下司犬的捕猎能力是在长期的进化和驯化中形成的。下司犬忠于主人，善解人意，嗅觉灵敏，奔跑快，耐力好，爆发力强，可看家护院和狩猎。当地民间猎人按照狩猎的对象，将下司犬划分为大山犬、小山犬和鸡犬三类。其中，大山犬以猎取大山羊、野猪等为主，小山犬以猎取小山羊、野猫和兔子等为主，鸡犬则以猎取野鸡、鹌鹑等为主。大山犬胆大，小山犬和鸡犬善于跟踪骚路。大山犬在下司犬中最剽悍，在面对野猪等大型猎物时，多群起而攻之，先进行围堵、对峙、试探攻击，以消耗猎物体力，伺机迅速咬住猎物要害，撕咬猎物部位以耳朵为首，腮部为次，尾巴、四肢等为再次。

下司犬遗传资源鉴定会（2009 年） 麻江县史志办 提供

## 下司犬民间相犬经

很久以来，当地民间就流传有下司犬的相犬经验。

**头颈** 头大，嘴宽且短，两耳竖直，鼻吻较短，头顶至嘴呈倒梯形，嘴形方正，头形比例为耳前方至眼睛距离与眼睛至鼻端距离约为 3∶1，颈部粗短。

**眼睛** 眼大而圆，有神，形如铜铃。

**口吻** 宽而方短，最长占头骨长 1/3 以下。牙齿要粗大锋利，咬合方式为剪式咬合，咬合后上下颌门牙间距不大于 5 毫米。

**舌头** 红色且舌面有黑、蓝色点或花纹。

**鼻子** 红色，且鼻吻较大，鼻腔较大，鼻肉上有黑点。颈项粗短，长 15 厘米左右，粗而且肌肉发达。

**体毛** 白色，且有剑毛、披毛两层，剑毛如猪鬃，较硬。

**躯干** 脊背宽，肌肉发达，脊背至腰上部上凸，腹部紧收，体长与肩高比约为 1.1 ~ 1.2∶1。

**前肢** 前胸宽大，两前肢间距较宽，肩膀与前臂的形态约呈长方形，前足趾紧收呈圆形。

**后肢** 宽大，后足趾紧收不可松弛，后面观后腿脚至臀部形态约呈梯形，下宽上窄，雄健有力。

**尾巴** 有宝塔形、秤杆形，尾正粗短。

**高度重量** 雄性高度在 45 ~ 55 厘米，重量在 20 ~ 30 千克。雌性高度在 45 ~ 50 厘米，重量在 20 ~ 25 千克。

在川东地区，民间流行有这样的下司犬相犬经：眼似铜铃，耳似叉；毛似钢针，尾似塔。脚似弯弓，背似虾；腰似油榨，舌黑花。脚板像钉扒，跑起才溜刷；肛门像泡粑，狩猎胆子大。鼻孔大而通，骚路才正宗；背脊躲到尾，猎性才算狠。眼皮长得薄，性格才急着；眼包长得大，猎物都不怕。眼线拉得长，下洞深双长；眼睛过得黑，钻洞才要得。

**选育保护** 2002 年，贵州省麻江县农业局品改站调查认定，全县纯种下司犬仅存 160 余只，麻江县人民政府下拨 20 万元，在下司镇建立“繁育保种提纯基地”。2004 年，《贵州日报》刊发题为《保护纯种世界名猎下司犬》一文。2005 年，在贵州省“两会”上，麻江县 4 位省政协委员联名提议加强下司犬科学管理和采用科学饲养的方法，引起重视。同年 6 月，贵州省人事厅投资 12 万元协助种犬场建设。2006 年 8 月 7 日，《贵州日报》刊发《拯救中华名犬——下司犬》一文。2007 年 10 月，贵州省犬业协会和麻江县政府联合举办以下司犬为主的全犬种展。当年，贵州省质监局正式发布实施《贵州下司犬》地方标准（DB 52 / 530—2007）。2008 年 12 月，经贵州省农业厅专家验收认定，下司犬保种繁育基地繁殖出 1000 多只纯种下司犬。2009 年 10 月，农业部专家组到麻江县就下司犬遗传资源进行鉴定。2010 年 8 月，下司犬进入国家畜禽遗传资源名录。同年 8 月，贵州省科技厅、贵州省公安厅将下司犬警用犬选育及应用平台作为科研重点科研目立项。2012 年，经贵州省麻江县农业局认定，纯种的下司犬数量达 1 万多只。2017 年，

育犬基地（2016 年） 杨爱青 提供

全镇有 30 余个有一定规模的养殖基地，有 800 余户散养销售户，在贵州省凯里、麻江、都匀、贵阳等地也建有下司犬保种提纯养殖基地。

## 铜鼓苗族农民画

**苗族农民画兴起** 铜鼓村苗族农民擅长刺绣、蜡染、剪纸、绘画等传统民间技艺。20 世纪 70 年代，村民赵元桥爱好绘画，并得到麻江县文化馆馆长戴聚一指导，绘画水平提高。1978 年，戴聚一在铜鼓村开办首届农民画培训班，培养第一批学员。1980 年，赵元桥被邀请到北京参加民族文化艺术展，起到带动效应。1983 年，全村有 10 件作品入选“全国农民画展”。20 世纪 80 年代以来，赵元桥、陈其林、王治英、王明桃、潘文芳、杨光英、文家克、杨文秀、赵天刚、王治春、王明翠等创作出一批绘画作品，其中《丰收之夜》和《闹冲》分别入选“贵州省第二届青年美展”和“贵州美术作品展”，《春到苗乡》入选“全国首届农民画展”并获鼓励奖和贵州省二等奖，被贵州省群众艺术馆收藏；《杀虫归来》获全国农民画大奖赛入选奖；《宰丧牛》获全国首届风俗画大奖赛佳作奖；《太阳和月亮》《回娘家》《苗族板凳舞》等 13 件作品被中国民间美术馆收藏。

铜鼓村苗族农民画培训班现场（1982 年）
麻江县史志办　提供

农民作画现场（2017 年）　顾先文　摄

赵元桥作品《斗牛》 顾先文 摄

**画风特点** 将苗族刺绣、蜡染、雕刻等传统民间技艺的造型和手法，应用到绘画中，形成新的现代民间画种，体现和表达苗族劳动人民对美好生活的向往与追求。其创作题材包括历史传说、民间故事、宗教信仰、社会风貌、节日活动和生活场景等，内容纯朴自然，亲切温馨，手法夸张、变形得体，粗犷奔放、自由，用色上主要以红、黄、蓝、白、绿、土黄和湖蓝为主，色彩鲜艳，整个画风不受时空的限制，也不受外来因素束缚，形成自由、强烈、抽象、奔放的特征，具有浓郁的民族风情和乡土气息。

**获奖作品及收藏** 1978—1990 年，全村入选参加出国交流展览 6 幅、国家级展览 59 幅、省级展览 102 幅、州级展览 325 幅，国家级刊物发表 14 幅，国家级博物馆、展览馆、美术馆收藏 9 幅，省博物馆、群众艺术馆收藏 57 幅，州博物馆收藏 30 幅，获奖 85 个，其中获国际奖 2 个、国家级奖 10 个、省级奖 36 个、州级奖 37 个。至 2017 年，全村已有 4000 余件作品参加过国内外举办的各种画展，到过日本、美国、法国、德国、叙利亚等国家，中国香港、台湾地区以及北京、上海、广州、贵阳等城市展出，获各种奖项 400 余个。其中，获国际奖作品 28 件，国家级奖 76 件，省级奖 103 件，被国家博物馆收藏 100 余件，在国内外报刊发表 1300 余件。全村共有省、州美术协会会员 28 人，

杨光英作品《祭鼓》 顾先文 摄

潘文芳作品《哭丧》 顾先文 摄

赵元桥木刻作品《大码头》 顾先文 摄

省、州现代民间绘画研究会会员 46 人。1988 年，黔东南苗族侗族自治州人民政府将铜鼓村列为以观赏农民画为主要内容的民族文化旅游景点。

苗族农民画家赵元桥在指导学生作画（2014 年） 顾满红 提供

自20世纪80年代以来，铜鼓苗族农民画就一直得到很好的传承。1984年，女学生赵龙玉的《苗乡太阳红》和文金秀的《互相帮助》同时获全国少年儿童书法绘画展绘画奖；1986年，赵龙玉的《朋友》在“热爱和平、热爱家园”北京国际儿童绘画展上获优秀奖,《欢乐的课外活动》在叙利亚首都大马士革举办的“第一届国际儿童艺术节美术作品比赛”上获得银牌，文金秀的《三姐妹》在长白山儿童画邀请展上获得银牌；1988年，赵龙玉的《放学之后》在全国首届少数民族儿童书画展上获一等奖,《献给老山前线解放军叔叔的一封书签》在全国首届园丁杯少儿美术作品评奖赛上获二等奖，赵龙琴的《公鸡叫我去上学》和罗英的《苗家娃和鱼摆摆》同时在全国首届少数民族儿童书画展上获二等奖。赵元桥的农民画《斗牛》被收入2003年7月江西美术出版社出版的义务教育课程标准实验教科书一年级《美术》课本。自2000年起，铜鼓小学将本村民间绘画纳入美术课教学计划，开设1个“民族特色绘画班”，聘请本村农民画家赵元桥、陈其林等授课。截至2017年，有15名儿童获国家级、省级金奖5个、银奖27个、铜奖32个。

1991年6月，铜鼓村被文化部命名为“中国现代民间绘画画乡”。

**1983—2012年铜鼓苗族农民画部分获奖作品一览表**

表4

| 序号 | 作品 | 作者 | 获奖年份 | 获奖名称 |
|---|---|---|---|---|
| 1 | 《春到苗乡》 | 杨光英 | 1983 | 全国首届农民画展鼓励奖 |
| 2 | 《苗乡太阳红》 | 赵龙玉 | 1984 | 全国少年儿童书法绘画展绘画奖 |
| 3 | 《互相帮助》 | 文金秀 | 1984 | 全国少年儿童书法绘画展绘画奖 |
| 4 | 《三姐妹》 | 文金秀 | 1986 | 长白山儿童画邀请展银牌奖 |
| 5 | 《朋友》 | 赵龙玉 | 1986 | 国际和平年“热爱和平、热爱家园”北京国际儿童绘画展优秀奖 |
| 6 | 《欢乐的课外活动》 | 赵龙玉 | 1986 | 第一届国际儿童艺术节（大马士革）美术作品比赛银牌 |
| 7 | 《放学之后》 | 赵龙玉 | 1988 | 全国首届少数民族儿童书画展一等奖 |
| 8 | 《献给老山前线解放军叔叔的一封书签》 | 赵龙玉 | 1988 | 全国首届园丁杯少儿美术作品评奖赛二等奖 |
| 9 | 《公鸡叫我去上学》 | 赵龙琴 | 1988 | 全国首届少数民族儿童书画展获二等奖 |
| 10 | 《苗家娃和鱼摆摆》 | 罗　英 | 1988 | 全国首届少数民族儿童书画展获二等奖 |
| 11 | 《杀虫归来》 | 杨文秀 | 1988 | 全国农民书画大奖赛入选奖 |
| 12 | 《宰丧牛》 | 赵元桥 | 1989 | 西安全国首届风俗画大奖赛佳作奖 |
| 13 | 《我们都是大自然的主人》《美丽的环境，开心的苗童》 | 赵龙菊 | 1992 | 全国“青少年环保知识竞赛”一等奖 |
| 14 | 《祭祀》 | 杨光英 | 2012 | 中国农民画艺术节暨全国农民画入选作品 |

## 2017 年铜鼓村部分农民画家一览表

表 5

| 序号 | 姓名 | 性别 | 出生年份 | 民族 | 2010 年以来社会任职、专业职称情况 |
| --- | --- | --- | --- | --- | --- |
| 1 | 赵元桥 | 男 | 1948 | 苗 | 贵州省美术家协会会员、贵州省现代民间绘画研究会会员、黔东南州美术家协会会员、黔东南州现代民间绘画研究会会员、省级高级工艺师 |
| 2 | 杨文秀 | 女 | 1949 | 苗 | 贵州省现代民间绘画研究会会员、黔东南州美术家协会会员、州现代民间绘画研究会会员 |
| 3 | 杨光英 | 女 | 1939 | 苗 | 贵州省现代民间绘画研究会会员、黔东南州美术家协会会员、州现代民间绘画研究会会员 |
| 4 | 文家克 | 女 | 1949 | 苗 | 贵州省现代民间绘画研究会会员、黔东南州美术家协会会员、州现代民间绘画研究会会员 |
| 5 | 潘文芳 | 女 | 1952 | 苗 | 贵州省现代民间绘画研究会会员、黔东南州美术家协会会员、州现代民间绘画研究会会员 |
| 6 | 王治英 | 女 | 1963 | 苗 | 贵州省现代民间绘画研究会会员、黔东南州美术家协会会员、州现代民间绘画研究会会员 |
| 7 | 陈其林 | 男 | 1964 | 苗 | 贵州省现代民间绘画研究会理事、黔东南州美术家协会会员、州现代民间绘画研究会理事 |
| 8 | 王明桃 | 女 | 1964 | 苗 | 贵州省现代民间绘画研究会会员、黔东南州美术家协会会员、州现代民间绘画研究会会员 |

## 2000—2016 年铜鼓小学学生部分绘画获奖作品一览表

表 6

| 序号 | 作品名称 | 作者 | 年级 | 年份 | 所获奖项 |
| --- | --- | --- | --- | --- | --- |
| 1 | 《苗女・森林灭火》 | 赵龙菊 | 六 | 2000 | 第十届全国青少年科技创新少儿科幻绘画二等奖 |
| 2 | 《世纪大开发》 | 赵亮萍 | 五 | 2000 | 第十届全国青少年科技创新少儿科幻绘画三等奖 |
| 3 | 《鱼丝织布》 | 赵小海 | 五 | 2000 | 第十届全国青少年科技创新少儿科幻绘画三等奖 |
| 4 | 《园林修剪不用愁》 | 罗　芳 | 四 | 2000 | 第十届全国青少年科技创新少儿科幻绘画二等奖 |
| 5 | 《人造米》 | 赵会明 | 五 | 2000 | 第十届全国青少年科技创新少儿科幻绘画鼓励奖、贵州省科幻绘画少儿组三等奖 |
| 6 | 《科技兴农》 | 汪金桂 | 三 | 2002 | 全国青少年科技创新少儿科幻绘画三等奖 |
| 7 | 《耕种月球》 | 赵龙菊 | 六 | 2002 | 贵州省第十七届青少年科技创新少儿科幻绘画二等奖 |
| 8 | 《垃圾智能处理器》 | 汪金贵 | 五 | 2004 | 黔东南州第二届青少年科幻绘画一等奖、全国科技创新科幻绘画三等奖 |
| 9 | 《火山发电厂》 | 赵　娟 | 五 | 2008 | 贵州省第二十三届青少年科技创新少儿科幻绘画二等奖、黔东南州第六届青少年科技创新少儿科幻绘画二等奖 |
| 10 | 《农家庭院》 | 赵　琴 | 六 | 2016 | 贵州省“中国梦—我的梦　传统书画进校园”二等奖 |
| 11 | 《农忙时节》 | 王忠诚 | 六 | 2016 | 贵州省“中国梦—我的梦　传统书画进校园”三等奖 |

# 水上体育

## 划龙舟

**训练基地** 1989年，贵州省、黔东南州专家考察“贵州省下司民族体育村项目”，经论证并立项。1992年3月10日，“下司龙舟训练基地”工程动工，贵州省财政厅和贵州省民委拨款50万元，修建长滩龙舟赛场和看台。2004年建成水上体育运动基地。下司龙舟训练基地拥有长1200米、宽110米、深3米以上的龙舟赛道，水质达到国家GB 3838—2002地表水二类标准，可设250米、500米、800米、1000米的4条标准赛道。

**人才培养** 1989年，全镇组建有业余龙舟运动员30多人，教练员1人。1989年6月，组建下司男子龙舟队。2017年有男队员15人，年龄在20～55岁，队员均为龙里村村民。2007年，下司民族中学作为龙舟后备人才培养基地。2007年，龙舟运动员

凯里全国龙舟邀请赛（2014年） 徐兴胜 摄

在全国第八届民族运动会上获 8 块金牌，镇党委、镇人民政府奖励 15 万元。2008 年 7 月，组建下司女子龙舟队，2017 年有女队员 15 人，队员均为龙里村村民。1996 年 4 月组建下司中学男女龙舟队，2017 年有男运动员 30 人、女运动员 30 人，均为下司中学在校学生。每年吃新节，全镇都要举行一次龙舟比赛活动，让运动员有更多机会参赛。截至 2017 年，培训专业龙舟运动员 500 人次，输送合格运动员 80 余名。

**“文家军”** 龙里村村民均为仫佬族，因生活在马尾河边，划船是传统习俗。1989 年 6 月，组建由龙里村村民组成的下司男子龙舟队。1989 年 8 月，在下司镇举行的首次“贵州省龙舟赛”上，龙里村组队参加并获得 3 个第一名、一个第二名。2007 年，针对龙里村龙舟队员身材较为矮小的实际情况，全队扬长避短，创立“跨步站姿划法”。2008 年 7 月，组建由龙里村村民组成的下司女子龙舟队。全村龙舟体育爱好者有男、女两支队伍 30 多人。龙舟队多次代表贵州省、黔东南州和麻江县参加全国性和全省性的龙舟大赛。因龙舟队队员多为文氏，且为父子、夫妻、母子和兄弟等关系，被当地称为“文家军”。

**龙舟赛** 1989 年 8 月，贵州省首届龙舟赛在下司举办。1992 年 9 月，下司举办贵州省“民族团结杯”龙舟赛运动会。1994 年 10 月，贵州省第三届少数民族传统体育龙舟赛在下司举办。1998 年 7 月，贵州省第四届少数民族运动会龙舟赛在下司举办。2006 年 7 月，贵州省第六届少数民族运动会龙舟赛在下司举办。2007 年 8 月，全省青少年水上项目锦标赛在下司举办。2008 年 6 月，贵州省首届农民运动会龙舟赛在下司

凯里国际龙舟大赛（2016 年） 李勋 摄

下司镇获“全国少数民族传统体育项目示范基地”称号（2013 年）
蒋建民 提供

举办。2009 年 7 月，全国龙舟暨独竹漂邀请赛在下司举办。2014 年 7 月，第七届中国·凯里原生态民族文化旅游节“大十字地下街杯”龙舟邀请赛在下司举办。2017 年 6 月，“多彩贵州·凯里国际龙舟邀请赛”在下司举办。

1989—2017 年在下司举办的龙舟赛事一览表

表 7

| 序号 | 时间 | 名称 | 参赛队伍 |
|---|---|---|---|
| 1 | 1989 年 8 月 | 贵州省首届龙舟赛 | 镇远、施秉、台江、平塘、惠水、铜仁、思南、遵义等代表队 |
| 2 | 1992 年 9 月 | 贵州省“民族团结杯”龙舟赛运动会 | 镇远、施秉、台江、平塘、惠水、铜仁、思南、遵义等代表队 |
| 3 | 1994 年 10 月 | 贵州省第三届少数民族传统体育龙舟赛 | 镇远、施秉、台江、平塘、惠水、铜仁、思南、遵义等代表队 |
| 4 | 1998 年 7 月 | 贵州省第四届少数民族运动会龙舟赛 | 镇远、施秉、台江、平塘、惠水、铜仁、思南、遵义等代表队 |
| 5 | 2006 年 7 月 | 贵州省第六届少数民族运动会龙舟赛 | 全省各地共 30 支龙舟队 |
| 6 | 2007 年 8 月 | 全省青少年水上项目锦标赛 | 贵阳、黔西南、毕节、安顺、六盘水、黔南、遵义等代表队 |
| 7 | 2008 年 6 月 | 贵州省首届农民运动会龙舟赛 | 9 个地州市的 9 支男子队和 7 支女子队 |
| 8 | 2009 年 5 月 | 首届贵州（黔东南）民族体育旅游节“体彩杯”龙舟邀请赛 | 贵州各地 12 支龙舟队 |
| 9 | 2009 年 7 月 | 全国龙舟暨独竹漂邀请赛 | 海南、广西、宁夏、重庆、贵州等 22 支龙舟和独竹漂省区代表队，参赛运动员 690 名 |

续表 7

| 序号 | 时间 | 名称 | 参赛队伍 |
| --- | --- | --- | --- |
| 10 | 2014 年 7 月 | 第七届中国·凯里原生态民族文化旅游节“大十字地下街”杯龙舟邀请赛 | 来自省内外 12 支男子龙舟代表队 |
| 11 | 2017 年 6 月 | 2017 多彩贵州·凯里国际龙舟邀请赛 | 中国、加拿大、日本、新西兰、荷兰、伊朗、菲律宾、亚美尼亚、中国香港等 16 支龙舟队，参赛运动员及教练有 500 多人 |

## 1989—2017 年下司派代表队参加的龙舟大赛部分获奖一览表

表 8

| 序号 | 时间 | 比赛名称 | 获奖情况 |
| --- | --- | --- | --- |
| 1 | 1989 年 8 月 | 贵州省龙舟赛 | 下司龙里龙舟队代表黔东南州参赛，男子获直道竞速 800 米冠军、600 米亚军，女子获 800 米、600 米直道竞速冠军 |
| 2 | 1998 年 | 贵州省第四届少数民族传统体育运动会（贵阳·黔东南） | 下司龙里男子龙舟队代表黔东南州参赛，获 800 米直道竞速第一名，600 米直道竞速第二名 |
| 3 | 1999 年 10 月 | 中华人民共和国第六届少数民族传统体育运动会（北京） | 龙里龙舟队首次代表贵州省参赛，获男子 500 米第五名、800 米第三名、1000 米第三名 |
| 4 | 2000 年 9 月 | 国际龙舟大赛（昆明） | 龙里龙舟队代表贵州省参赛，获男子标准龙 500 米第二名、100 米第二名 |
| 5 | 2002 年 | 贵州省第五届少数民族传统体育运动会 | 下司男子龙舟队代表麻江县参赛，获 800 米标准龙第一名、500 米标准龙第一名 |
| 6 | 2004 年 7 月 | 第十二届红金龙屈原杯全国龙舟锦标赛 | 下司龙舟队获 1000 米标准龙第二名、500 米标准龙第二名、200 米标准龙第三名 |
| 7 | 2004 年 10 月 | 第五届全国农民运动会（浙江） | 龙里龙舟队代表贵州省参赛，获男子 500 米第二名、1000 米第一名，实现贵州省在农运会集体项目上奖牌零的突破 |
| 8 | 2006 年 | 全国龙舟月闭幕式暨“沈阳体彩杯”第十四届“屈原杯龙舟锦标赛”（沈阳） | 龙里龙舟队获 1000 米标准龙金牌、500 米标准龙铜牌 |
| 9 | 2006 年 | 第三届全国体育大会（苏州） | 龙里龙舟队获 1000 米标准龙金牌、获 500 米标准龙铜牌 |
| 10 | 2007 年 6 月 | 第十五届屈原杯龙舟锦标赛（巫山） | 龙里龙舟队获 1000 米标准龙第二名、500 米标准龙第二名、200 米标准龙第三名 |
| 11 | 2007 年 9 月 | 第二届全国龙舟之乡争霸赛（九江） | 龙里龙舟队获男子公开组 500 米亚军、1000 米季军 |
| 12 | 2007 年 11 月 | 全国第八届少数民族传统体育运动会龙舟赛（广东花都） | 龙里龙舟队代表贵州省参赛，获男子 500 米、800 米、1000 米标准龙直道竞速，男女大龙混合 500 米、800 米、1000 米直道竞速，男女小龙混合 800 米、1000 米所有参赛项目的全部金牌 8 枚。开创麻江县运动队参加全国性体育赛事金牌的零突破历史，同时摘取贵州省代表队金牌总数第一的团队称号 |

续表 8

| 序号 | 时间 | 比赛名称 | 获奖情况 |
| --- | --- | --- | --- |
| 13 | 2008 年 | 贵州省首届农民运动会（贵阳） | 金牌 |
| 14 | 2008 年 10 月 | 中人民共和国第六届农民运动会（泉州） | 龙里龙舟队代表贵州省参赛，获男子组小龙 500 米第三名、1000 米第二名，女子小龙 500 米第二名，1000 米第一名 |
| 15 | 2009 年 7 月 | 全国龙舟邀请赛（贵州下司） | 龙里龙舟队代表黔东南州参赛，获男子组标准 250 米，500 米金牌，女子组标准 250 米和 500 米金牌，男子小龙舟 250 米金牌，女子小龙舟 250 米金牌 |
| 16 | 2010 年 4 月 | 全国龙舟选拔赛（广州顺德） | 龙里龙舟队代表贵州省参赛，获男子 500 米标准第四名，1000 米第三名；女子 500 米第四名，1000 米第四名 |
| 17 | 2010 年 5 月 | 第四届全国体育大会龙舟赛（安徽合肥） | 龙里龙舟队代表贵州省参赛，获男子标准 500 米第二名、800 米第二名，女子标准 500 米第二名，800 米第二名 |
| 18 | 2010 年 9 月 | 贵州省第七届少数民族运动会龙舟赛（贵阳红枫湖） | 龙里龙舟队代表黔东南州参赛，获男子组所有项目 12 枚金牌，女子组所有项目 12 枚金牌 |
| 19 | 2011 年 5 月 | “万泽·太湖庄园杯”中国龙舟公开赛（武进站）暨第十届世界龙舟锦标赛选拔赛（江苏常州） | 龙里村男、女龙舟队代表贵州省参赛，获男子组 500 米直道赛第二名、女子组 3000 米环绕赛第二名、女子组 22 人龙舟 200 米直道赛第二名、女子组 12 人龙舟 200 米直道赛第二名、女子组 500 米直道赛第二名、女子组总成绩第二名、男子组总成绩第四名 |
| 20 | 2011 年 5 月 | “清凤杯”中国龙舟公开赛（四川成都） | 龙里村龙舟队获公开组 500 米直道赛第三名、公开组 200 米直道赛第三名、公开组总成绩第三名 |
| 21 | 2011 年 6 月 | 全国龙舟公开赛（宜昌站） | 龙里村龙舟队分别获 35 千米拉力赛总冠军、500 米直道竞速赛第三名、200 米直道竞速赛第二名 |
| 22 | 2011 年 6 月 | 全国龙舟公开赛（铜仁站） | 龙里村龙舟队分别获 200 米直道竞速赛、500 米直道竞速赛、3000 米环绕赛 3 枚银牌和团体总分第二名 |
| 23 | 2011 年 9 月 | 全国第九届少数民族传统体育运动会（贵阳红枫湖） | 龙里龙舟队代表贵州省参赛，获男子标准龙 5000 米第一名，500 米、800 米、1000 米第一名；女子标准龙 5000 米第一名，500 米、800 米、1000 米第一名；男女混合标准龙 500 米、800 米第一名；男女混合小龙舟 500 米第一名；女子小龙舟 500 米第一名 |
| 24 | 2012 年 6 月 | 中华龙舟大赛（铜仁碧江站） | 龙里龙舟队获男子组标准龙 3000 米第一名、500 米第一名、200 米第一名，女子组标准 3000 米第一名、500 米第一名、200 米第一名，包揽全部金牌 6 枚 |
| 25 | 2012 年 6 月 | 贵州省第二届农民运动会（遵义） | 龙里村龙舟队获男子小龙舟 200 米第三名，男女混合小龙舟 200 米第四名，男子小龙舟 500 米第四名 |
| 26 | 2012 年 7 月 | 中华龙舟大赛（贵州铜仁碧江站） | 龙里龙舟队夺得男子、女子直道竞速 200 米和 500 米第一名，以及男、女团体冠军 |
| 27 | 2012 年 9 月 | 中华龙舟总决赛（佛山） | 龙里村男子龙舟队代表贵州省参赛，获标准龙 200 米第二名、500 米第一名 |

续表 8

| 序号 | 时间 | 比赛名称 | 获奖情况 |
|---|---|---|---|
| 28 | 2014 年 7 月 | 第七届中国·凯里原生态民族文化旅游节“大十字地下街”杯龙舟邀请赛（下司） | 龙里龙舟队获 200 米标准龙舟直道竞速比赛第一名，获 500 米标准龙舟直道竞速比赛第一名，获总成绩第一名 |
| 29 | 2015 年 9 月 | 全国第十届少数民族传统体育运动会（内蒙古鄂尔多斯） | 龙里龙舟队代表贵州省参赛，获得 3 金 9 银 |
| 30 | 2015 年 7 月 | “多彩贵州”2015 中国凯里龙舟邀请赛（下司） | 凯里龙舟队获 200 米、500 米冠军 |
| 31 | 2015 年 9 月 | 十三届全国农民运动会（广东顺德） | 龙里龙舟队代表贵州省参赛，获男子组标准龙 200 米、500 米第二名，女子组标准龙 200 米第二名、500 米第三名 |
| 32 | 2017 年 6 月 | 2017 多彩贵州·凯里国际龙舟邀请赛（下司） | 凯里龙舟队获男子组第一名，下司龙舟队获第三名 |

全国龙舟暨独竹漂邀请赛在下司举行场景（2009 年） 吴如雄 摄

**独竹漂** 2007 年 6 月，下司镇引进独竹漂项目（为少数民族传统体育竞技项目），并在下司中学建立一支 20 余人的男、女独竹漂表演队。是年，参加贵州省首届独竹漂竞速赛。2008 年，独竹漂队伍发展到 40 多人。2009 年，独竹漂队员发展到 56 人，其中女队员 29 人。2009 年 7 月，代表贵州省参加在下司举办的全国首届独竹漂邀请赛，获 6 金 4 银 6 铜，其中队员贺寿勇获 3 金 2 银。2017 年，有男运动员 12 人、女运动员 14 人。

中学生开展独竹漂训练（2016 年）
罗文刚　摄

“多彩贵州迎奥运”第二届皮划艇激流回旋中国国际公开赛（2007 年）
杨爱青　提供

**皮划艇激流回旋**

**基地建设**　2005 年，贵州省体育局将激流回旋场地建设选址在下司。2006 年 7 月，由贵州省麻江县人民政府投资建成，8 月投入使用。是年 10 月 13 日，被国家体育总局水上运动管理中心命名为“中国皮划艇协会贵州下司皮划艇激流回旋训练基地”。基地位于下司古镇马尾河下游的东岸，依山傍河，干净整洁，规划合理，布局有序，水质清澈。基地由北京大学湍流与复杂系统国家重点实验室教授佘振苏领衔设计。全长 490 米，其中引水渠道长 180 米，赛道长 310 米，全程落差 6.8 米，水流量 15 ~ 20 米 / 秒。整个赛道由不规则的人造异地障碍物构成，有连续变换的漫流、蜿蜒急缓的剪切流和左右回旋的涡流等，将世界上所有激流回旋赛道的典型水流集于一身，被誉为“贵州唯一、亚洲最好、世界一流”[①]。是具有中国独立知识产权、可调节的半自然与半人工的奥运标准激流回旋竞训场地，并在中国激流回旋界流传有“冬训四川米易，夏练贵州下司”的美誉。此外，基地还建有运动员公寓，内设有少数民族特色的客房、多功能会议室、民族风味餐厅等设施。

**赛事举办**　2006—2017 年，下司激流回旋基地举办省级以上赛事 10 场次。

---

① 出自《麻江县志（1991—2005）》，中州古籍出版社，2009 年，第 261 页。

## 2006—2017 年下司激流回旋基地举办赛事一览表

表 9

| 序号 | 时间 | 名称 | 规模或项目 |
|---|---|---|---|
| 1 | 2006 年 11 月 | 全国皮划艇激流回旋秋季冠军赛 | 全国 14 支代表队参赛，项目设男子皮艇、女子皮艇、男子单人划艇、女子单人划艇、男子双人划艇、男子皮划艇全能（单划 + 单皮）、男子划艇全能（单划 + 双划）、女子皮划艇全能（单划 + 单皮）和混合团体赛（C1M、K1W、C2M）9 个项目 |
| 2 | 2007 年 4 月 | 全国皮划艇激流回旋春季冠军赛 | 湖北、湖南、江苏、山东、四川、河南、贵州省队及北京体育大学、武汉体院、解放军等 21 支代表队参赛，设男子划艇全能赛、女子皮艇全能赛等 18 个项目 |
| 3 | 2008 年 | 全国皮划艇激流回旋锦标赛暨全国青年皮划艇激流回旋锦标赛 | 辽宁、江苏、广东、贵州等地的 21 支代表队参赛，有教练员和运动员 200 余人 |
| 4 | 2009 年 6 月 | 全国皮划艇激流回旋夏季冠军赛暨全国皮划艇激流回旋青少年锦标赛 | 四川、辽宁、福建、贵州、云南、广东、湖北、江苏、湖南等 12 个代表队参赛，项目设男子单人皮艇激流回旋赛、男子双人划艇激流回旋赛、女子单人划艇激流回旋赛、女子单人皮艇激流回旋赛、男子单人划艇基本功、男子单人皮艇基本功、男子双人划艇基本功、女子单人皮艇基本功等项目 |
| 5 | 2010 年 5 月 | 第六届亚洲皮划艇激流回旋锦标赛 | 中国、澳大利亚、日本、中国台北、中国香港等 13 支代表队参赛，教练员和运动员 143 名 |
| 6 | 2011 年 9 月 | 全国皮划艇激流回旋冠军赛第三站暨全国锦标赛总决赛 | 辽宁、贵州、四川、福建等 12 支代表队参赛，共有教练员和运动员 105 名，项目设男、女单划激流回旋赛、男子双划激流回旋赛等 10 个项目 |
| 7 | 2012 年 8 月 | 中国皮划艇激流回旋锦标赛暨全国青少年锦标赛 | 广东、福建、山东、湖南、辽宁、贵州等地 14 支代表队参赛，教练员和运动员 174 名。 |
| 8 | 2013 年 5 月 | 中国皮划艇激流回旋锦标赛暨第十二届全国运动会预赛 | 山东、四川、福建等地 13 支代表队参赛，共有教练员和运动员 117 名 |
| 9 | 2016 年 7 月 | 贵州动起来——体育彩票杯全国皮划艇激流回旋青少年锦标赛暨夏季冠军赛 | 贵州、山东、山西等 16 个省市代表队参赛 |
| 10 | 2017 年 10 月 | 全国皮划艇激流回旋冠军赛、全国青少年锦标赛 | 13 个省代表队参赛，教练员和运动员 180 名 |

## 1991—2006 年下司镇所获体育集体荣誉一览表

表 10

| 年份 | 荣誉名称 | 授予单位 |
|---|---|---|
| 1991 | 全国少数民族体育先进集体 | 国家体委、国家民委 |
| 1992 | 贵州省第一个少数民族体育村 | 贵州省民委、省体育局 |
| 1992 | 全省体育先进集体 | 贵州省人民政府 |
| 1992 | 全国民族体育先进集体 | 国家民委、国家体委 |
| 2006 | 集体二等功一次 | 贵州省体育局 |

水上娱乐（2017 年）　　顾先文　摄

# 艺文杂记

下司历史悠久，文化厚重，风光旖旎，景色迷人，民风浓郁。清朝以来，出现不少才子佳人，留下诸多文人墨客的足迹。他们生活或滞留斯地山水，有感而发，吟诗作赋，遗墨留香。

水乡景致（2016年） 徐兴胜 摄

## 诗词 歌赋

### 牛鼻子沟[1]

〔清〕罗奎[2]

悬岩沟凿是何由？专为流泉灌涸畴。
构木架高施斧计，精心思夺补天筹。
珍奇贵在裁荒弃，缺憾无须起怨尤。
世世书田除旱患，子孙时应念贻谋。

① 牛鼻子沟，又名悬岩沟，位于下司镇和平村清水江畔。清嘉庆年间，仫佬族罗氏请来湖南工匠，在悬崖峭壁上悬空架木开凿修成此沟，现今仍能灌田近百亩。

② 罗奎，清代下司人。

## 戒洋烟五言律四首

宋翱（字翔轩）

一

自有洋烟癖，频年累我身。
可怜池上客，常作床头人。
朝暮时相见，灯枪便与亲。
谁能绝此患，一旦出迷津。

二

本是害人物，偏教水乳投。
借他灯上乐，消我腹中愁。
有幸邀青眼，无缘到白头。
心坚如铁石，弃尔赴东流。

三

疾病乐忧日，情深如缔交。
三更入蔗境，到处洒飞膏。
行蚤结同伴，眠尝共一宵。
今朝倏反脸，立誓永丢抛。

四

受尔十年害，备尝苦与辛。
伤心污肺腑，历岁败精神。
斩念疾消痼，除邪图改新。
加餐今努力，骐骥出风尘。

## 咏白菊

罗得荣（字炳喧）

不爱黄华自素容，清高各是一家风。
妆台未许尘纷着，靖节惟期月魂从。
突临冷露枝犹茂，更历严霜萼愈隆。
独具纯真超一院，前生应是玉为丰。

古镇剪影（2016 年） 李勋 摄

## 咏山溪碾

*罗儒君（字伯群）*

不拒山溪水，周旋意自强。
待人无脱粟，悯豕漫砻糠。
永动鱼恒乐，稍停雀转忙。
两端应管好，没齿莫相伤。

## 山家春兴

*罗毓湘（字云湖）*

闲阶醉卧直春深，清梦初回酒亦醒。
几点白云过有影，一庭红雨落无声。
山林幽静自如古，世界纷纠正构兵。
且喜农畴添水满，杖藜村外看忙耕。

### 抗日救亡校歌[①]

张义彬　罗小青

青狮暴啸，海水怒号，营盘坡顶，弦诵滔滔，这是我们的母校。望万里长空，蓝天无际，壮志云霄。我们，时代的主人，毋忘老师教导，奔跑，奔跑！为祖国的繁荣富强，为母校的光辉前景，为我们的事业，奔跑，奔跑，向前奔跑。

## 挽联　挽词

### 赠张先培烈士

1912 年 11 月，张先培母校——贵阳乐群小学为张先培举行隆重追悼大会。其中，贵州教育总会敬挽如下：

荆轲刃，张良椎，皆成陈迹。使惊天霹雳手段，推翻专制，海内骇然。虽误中副车，已大寒敌胆，令满廷觳觫逊位，万物昭苏，伫看铜象旌功，崇拜吾黔真义侠。

雍门琴，渐离筑，别有伤心。听薤露慷慨悲歌，凭吊古今，男儿死耳。纵牺牲生命，掷代价头颅，迨民国建设完成，九原告慰，知必英灵不昧，欢呼万岁大共和。

学侣们敬挽如下：

江汉滮滮阵云恶，民军戢翼汉军泼。忽然一炸从天来，八旗子弟心胆落。博浪沙中奋一推，祖龙未碎心为催。

争夸一代补天手，谁似前贤爱国心！秋雨潇潇风腊腊（猎猎），应许英魂返麻峡。城郭人民依旧在，惆怅空枝绕三匝。

---

① 1937 年“七七”事变爆发，下司小学校校长张义彬、教师罗小青二人奋笔疾书，作学校救亡歌词，并谱成歌曲在学生中传唱。

### 赠吴嘐鸾统军[1]

欧阳朝相

麻峡江声万派涵，廿年王气擅黔南。
文章矫矫龙拿鼎，将略沉沉剑出函。
会剪洪家霜共雪，军行衽席雨随甘。
西河以一威名远，好绎传书事定戡。

## 名家纪念文

### 没字碑歌[2]

胡适

他们是谁？三个失败的英雄，一个成功的好汉！他们的武器：炸弹！炸弹！他们的精神：干！干！干！

他们干了些什么？一弹使奸雄破胆！一弹把帝制推翻！他们的武器：炸弹！炸弹！他们的精神：干！干！干！

他们不能咬文嚼字，他们不肯痛哭流涕，他们更不屑长吁短叹！他们的武器：炸弹！炸弹！他们的精神：干！干！干！

他们用不着纪功碑，他们用不着墓志铭：死文字赞不了不死汉。

他们的纪功碑：炸弹！炸弹！他们的墓志铭：干！干！干！

---

① 1916年，护国黔军将领吴传声（字嘐鸾）在战场上阵亡，贵州著名教育家、学者欧阳朝相闻知后，特撰此诗。

② 胡适于1921年5月为纪念张先培等人而作，此歌后被选进民国小学国语教科书。

### 即小见大[①]

鲁迅

北京大学的反对讲义收费风潮，芒硝火焰似的起来，又芒硝火焰似的消灭了，其间就是开除了一个学生冯省三。

这事很奇特，一回风潮的起灭，竟只关于一个人。倘使诚然如此，则一个人的魄力何其太大，而许多人的魄力又何其太无呢。

现在讲义费已经取消，学生是得胜了，然而并没有听得有谁为那做了这次的牺牲者祝福。

即小见大，我于是竟悟出一件长久不解的事来，就是：三贝子花园里面，有谋刺良弼和袁世凯而死的四烈士坟，其中有三块墓碑，何以直到民国十一年还没有人去刻一个字。

凡有牺牲在祭坛前沥血之后，所留给大家的，实在只有“散胙”这一件事了。

## 碑记　墓表

### 学堂碑记

千里之裘非一狐之腋广厦之室非一木之才人之谋公益者亦然司地学校之设五年于兹矣自前清宣统元年创办来学者日益众历经五寒暑将届毕业已彬彬焉皆蔚然可观依谁之力勤予此该我属士绅之倡议司地父老之经营江湖客商之热忱会馆施主之乐善或捐地址助资金捐屋宇助田园苦心孤诣而成立者也后之学者来此修业他日学成业就或处于名山业就或成为世界伟人览斯碑志当有感于开创之始基云

1913 年

拟文　罗茂森　书写　堂长　李治邦

① 原载 1922 年 11 月 18 日《晨报副刊》，为鲁迅为纪念张先培等人而作，后收入杂文集《热风》，《热风》收入《鲁迅全集》第一卷。

### 民国特赠陆军上将都督衔吴公墓表

公讳传声字哕鸾先世由赣迁黔家于麻哈之下司曾祖讳某祖讳某父讳某世业农有隐德焉公少读书循谨异于常儿凡所持诵非精透了解不能一刻以嬉也清光绪丙申入胶庠旋食饩然英雄所志终不为此区区名利终戊戌岁慨然登远道奔走四方后至滇弃文就武值辛亥革（命）军起于武昌各省响应并约会师武汉同声钦讨滇省亦起义北伐公任团长职随行时黔为哥老会扰乱黔父老派代表到滇乞援滇以北阀（伐）军入黔代平匪患命公驻榕江到任数月惨淡经营悉□于定乙卯岁袁氏帝制自为公勃然曰是恶可与此叛国者戴天会滇省首义黔亦宣布独立公率所部健儿出湘一战抵晃再战抵洪三战沅中间数十战皆捷声威所至敌悉丧胆方将直捣幽燕乃昊天不吊丙辰正月十二日阵亡于沅州享年四十于时军事方□黔湘倚公为干城□公之亡□与□□痛□□□□□□□□次乃护丧归以本年三月初七日葬于故乡祖茔之侧夫人李氏子名邦俊留学北京以道□□□亲视墓□□□□□□循谨有父风国是既定黎大总统悯念殉难功臣特赠公上将衔予谥忠毅照都督例赐恤礼也公谦和谨厚待人接□纯出至诚抚循士卒如家人父子然每战以身先之善以小胜大以寡胜众军行所至秋毫不扰渊渊乎有古名将风此皆公事功行□之荦荦者今年春公子邦俊刻石建碑嘱金声为辞以阐扬之小子不敏距公之薨且十稔矣丰功令德已宣付国史昭信来兹因掇父老之流传而表于阡

民国十五年丙寅清明节

世侄范金声谨撰并书

## 逸闻趣事

**仫佬族人先开秧门的由来** 据传，元至元年间起，苗族大规模迁入下司地区后，人口较少的仫佬族人便隐进深山而居。而后，苗族人在开垦新的农耕地时，一些特殊的农事技术需要请教仫佬族人。但心存畏惧的仫佬族人不愿下山，苗族人便上山去请。仫佬族人于是提出一个苛刻条件，即将七个苗族人作为人质，换取一个仫佬人下山。在苗族人答应所有条件后，仫佬人才下山传授农事技术，苗族人也将自己带来的农耕技术传授给对方。由于两种技术交流互补，下司的农耕水平得到提高。从此，每年正月间，苗族人都要让仫佬族人先“开秧门”（择日动土），自己而后才动土，以示尊重。这一民俗保留至今。

**铜鼓村名的由来**　很早从前，铜鼓寨苗语称“哩哥”，是当地苗族“哩家”和“哥家”两大支族的合称。而“铜鼓村”的汉文寨名是后来才有的。

传说，“哩哥”寨里有一对非常恩爱的夫妻，丈夫叫“告假发”，妻子叫“吴皮道”。但是，他们在婚后的许多年里，却一直没有生育。因此，想做一件大善事以向上苍祈求儿女。一天，“吴皮道”对“告假发”说：“我们该办什么好事呢？让天地赶快赐给我们儿女呀。”“告假发”想了想说：“那我们跳铜鼓舞吧，为大家兴起一个欢乐祥和的节日。”于是，二人向十里八乡放出话，即到新春时，将买来一口大铜鼓，并杀猪宰牛，祭祀祖宗，招待各方的客人。闻此消息，四乡八寨的苗家人纷至沓来，欢聚一堂，兴高采烈。大家敲鼓吹笙，唱歌跳舞，无不沉浸在狂欢的海洋中。直到第三天的五更时分，人们才渐渐散去。当笙歌散去，夫妇二人在收拾鼓场时，捡到了一个可爱的男婴！

苗族芦笙盛会（2017 年）　　杨爱青　摄

从此，每到新年，这里都会举办热闹的跳鼓活动。大家认为只要到这里跳过鼓，就会人丁兴旺，子孙繁荣。渐渐地，“铜鼓村”这个汉文寨名就产生了。

民间里还有另一说法，说清末时期，人们曾于此发掘出铜鼓一个。其两头小，中间大，内空，长 1 米，重 50 千克，鼓面有花纹，故得名。

**闹冲节由来** 每年农历二三月间，铜鼓苗寨都要举行“闹冲”活动。来自各个村寨的青年男女都集中到寨子附近草坪上，对唱开春歌和情歌，挑选意中人，相送回家，互赠纪念物，建立情侣关系。

相传，古时此处森林茂密，苗族先民在密林中艰难地开出几块田地，好不容易才种上庄稼。可是，当时鼠害十分严重，人们每年辛辛苦苦种出来的农作物，都被老鼠糟蹋了，损失相当惨重。

于是，有人倡议大家在农忙前都到山上去，不仅要开展三天的唱歌、斗牛等“闹”的活动，而且要求所有参加“闹”的人要闹得热闹、闹得有气势，要闹得老鼠们不得安宁，无处藏身。将老鼠冲出此地。

果然，这一闹一冲，老鼠们无不被吓得慌不择路，逃得无影无踪，田地里的庄稼丰收了，人们日子好过了。

从此，这一活动得到了人们的认可，并一代一代沿袭下来。

闹冲节上的苗族女孩（2017 年）
杨育泽 摄

**凤凰装传说**　传说，很早很早以前，畲族的始祖盘瓠王因平番有功，高辛帝便将自己的三公主许配给他。成婚时，帝后给女儿戴上凤冠，穿上镶着珠宝的凤衣，祝愿她就像凤凰一样美丽，永远拥有一份幸福美满的生活。

后来，三公主有了女儿后，常将女儿打扮得非常美丽，并想在她将来出嫁时，也将她打扮得像凤凰一样漂亮。这事竟感动了广东凤凰山上的一只凤凰。待到女儿出嫁时，天遂人愿，这只凤凰衔着一件光鲜的凤凰装自天上飞来，送给她作嫁衣。人们都被这件缀满银饰、珠光宝气的盛装惊呆了。从此，畲家女便世世代代爱上凤凰装，以示吉祥如意。

也由此，在许多地方，人们直接将新娘称为“凤凰”。因为，在畲族人的眼中，新娘具有“三公主”的崇高地位，所以，到新郎家拜祖宗牌位时，是不需下跪的。

**大码头传说**　很久以前，大码头处水深不见底，泊船常翻沉入底。不远处一座庙宇走廊上，挂着一口大铜钟，庙宇香火旺盛。庙内众和尚中有一名小和尚机灵可爱。

码头镇水兽（2017 年）　　顾先文　摄

一日清晨，小和尚正要敲钟时，发现大铜钟竟挂着苔藓水珠，钟身湿润。为弄清究竟，他每天早晨留意，发现初一、十五两天次日清晨，大铜钟必挂苔藓水珠。

某月初一子夜，小和尚躲在大铜钟不远处窗下一看究竟，子时末，发现大钟变成一团黑影，飞向河滩。小和尚摸黑来到沙滩边，迷蒙中看见一庞然怪物钻出水面与大铜钟纠缠相斗、时沉时浮，寅时争斗才结束，怪物沉回水中，大铜钟则飞回庙中。小和尚不声不响摸回禅房躺下，天亮时跑去一看，钟身挂满苔藓，周身湿润。

皓月当空十五夜，小和尚又来到滩边，丑时，见大铜钟又飞入水中与怪兽打斗起来。但见怪兽形似水牛、脖颈粗短、四脚如柱、鼻上有角、周身无毛、二目圆睁。但小和尚并未向住持和他人透露半点风声。

一日清晨，小和尚发现大钟不翼而飞，惊叫："大铜钟不见了！"住持与众和尚大惊失色，默念："阿弥陀佛"。后来庙宇逐渐凋零直至倒塌。大码头却从此风平浪静，再未有翻船、溺亡之事。据传是那口大钟将水怪镇住了。

**一场特殊的篮球赛**　1945 年夏，有一批由印度来华的美军（盟军）官兵 30 多人路过下司镇，下司镇公所将他们安排在"罗家山"（山名）的怡凉亭里住宿。由于这是蓝眼睛的白种人（间有黑种人）第一次来到下司，因而引起民众轰动，大家都争相观看。当时，下司青年篮球队队员"铁拐李"等人看到身材高大的美国兵，便产生邀约他们打一场篮球友谊竞赛的想法。美国兵们欣然应允。于是，几天里，双方连续进行几场比赛，场面激烈，双方各有输赢。美军离开后，这几场友谊赛仍是下司老百姓茶余饭后津津乐道的话题。

下司古镇　　蒋建民 摄

# 名人与名镇

下司镇钟灵毓秀、人杰地灵，历史上曾涌现出一些胸怀大志、心系天下的仁人志士。他们或立足本地，造福乡梓；或走出古镇，远渡他乡；有的舍生取义，投身民主；有的铁血远征，救国救民；有的鞠躬尽瘁，奉献革命；有的跻身商海，广聚财源；有的钟情文化，致力传承；有的热爱事业，奉献青春，不一而足。

古镇晚霞（2017 年）　　李勋　摄

## 人物传略

**张梁**（1837—1919）　下司镇瓮港村芭茅冲人，因从军迁居贵阳南京街（今中华北路）。清末总兵，以军功起家，诰授“建威将军”。

张梁生平忠勇朴直，做官为人，公道正直，屡因反对失职大吏被降职或借故闲散。

有人劝其要圆滑处事，见风使舵，他却不从。

咸丰、同治年间，张梁是远近闻名的将领。张梁因为多次立功保升提督、借补黎平参将，后补升为威远参将。他又统镇北营驻鹤庆、丽江防御。又调曲寻任副将，改统绥靖营，驻蒙自护修滇越铁路。总督魏光焘保举任临沅等处总兵，仍驻蒙自。后改署镇雄副将。黔抚李经义奏请调张梁回黔，广西潘司刘春霖复电调广东。张梁回黔署大定副将，转上江升定义镇总兵。

张梁为官清廉，所得俸禄，均用于培养子女读书、救济平民百姓，先后捐资为家乡修建芭茅冲至马场、至角冲、至瓮港、至六个鸡呈“十字”状的石板路，总长10余千米，修建瓮港中寨、老山河和芭茅冲三座石拱桥。横跨芭茅冲老山河的福德桥至今完好。张梁辞世后，由其家人从贵阳扶柩返回芭茅冲。但凡逢村过寨，乡人争相焚香秉烛、设祭摆供。遗体回到芭茅冲后，四乡八寨民众齐集而来，为其举行隆重吊唁活动。

**吴传声**（1876—1916） 号哕鸾，下司大街人。护国军将领，民国政府追赠陆军上将都督衔。

传声出生于小手工业家庭，15岁时痛打欺凌父亲的衙役，出走云南读书，后曾赴法国留学。清光绪三十年（1904）回国，经河口到昆明参加新军，被保送进入云南讲武堂学习3年，接受进步教师传播民主革命思想，品学兼优，毕业后任滇新军第十九镇连职。在军中参加同盟会，是辛亥革命云南新军起义骨干，参加攻陷总督衙门，立战功。

1912年3月，任大队长，随滇军入黔，奉唐继尧令率队驻黎平县。次年，任贵州东南路游击大队长。刘显世在黔建陆军后，委传声任黔陆军第三团团长。

1916年1月27日，贵州宣布独立。刘显世迫于形势发表“反对帝制，永护共和”的讨袁檄文。蔡锷、刘显世任命吴传声为护国军右翼东路第二梯团第三支队支队长。传声率黔陆军第三团编为右路军（亦称黎古支队）。奉命进攻湖南沱口、黔阳、会同、洪江一线的北洋军。原驻独山、黎平、古州的第三团各营赶到天柱集中，传声对全体官兵训话，激励全体官兵讨伐袁世凯。

吴传声接到北洋军旅长江学谦威胁信，但他置之不理，率部于正月初一进入湘西，歼灭北洋军驻沱口的前哨部队。初二占领黔阳，虏敌250余名，缴获枪支200多支，银圆2万余元，另获粮秣等物一批。初三击溃洪江守敌，缴获无闩大炮2门，炮弹200余发及其他军用器材。

吴传声接王文华之命，1916年正月十一日拂晓驰攻芷江城东。下午，王文华率中路军抵芷江西北郊，两路军配合围困城中的汪学谦旅。傍晚时分，传声率队冲到黄坛桥上时中弹牺牲，护国军将士受其激励，攻克芷江。

吴传声为护国捐躯后，黎元洪总统追赠其为陆军上将都督衔。在装殓其遗体时，官兵含泪哀悼，王文华司令部参谋长范石生说："哕鸾热心革命事业，生平俭朴，阵亡时还穿着讲武堂时代的学生服，实在令人钦敬！"6月7日，黎元洪继任中华民国大总统后，追赠吴传声为"陆军上将都督衔"，并按"都督例"赐恤礼。遗体运回家乡葬于下司保秧洲后山上，坟墓、镌志犹存。

**罗毓湘**（1878—1940）又名云湖，出生于都匀城西贫民家庭。幼年丧父，生活窘迫，随母到下司朱史寨（今新华村）投亲。毓湘受业于富户张仿平聘师所设塾馆，因聪明伶俐，勤奋好学，尤喜爱书画，颇得张器重并资送下司拜名师攻读。还得族人罗荣光支持，诵经读史，吟诗作对，书法和绘画成绩名列前茅。

清光绪二十九年（1903），应癸卯恩科乡试中举。光绪三十一年（1905），麻哈州选送学员留学日本，论学识应选中毓湘，但因出身贫寒，又无实权人物帮助运筹而落选。毓湘立志入朝考试，历尽艰辛到京城时，科举考试制度已废除，便流落京城代人写字、绘画为生。字、画在京城渐有名气，结识出身士大夫门庭的安硕生，荐任邮传部七品小京官等职。

罗毓湘终身未娶妻，勤于书画兼学外文，能说一口流利的英语。抗日战争爆发后，离京回下司，参加"新南书社"写字、画画义卖，所得收入捐赠给抗日分会和赈济会。是县内书法、绘画名人。作品《金鸡图》，一对金鸡形态盎然，栩栩如生，1938年送到重庆参展获二等奖。寄至苏州的一封书信，字迹工整流杨，被苏州学者袁建雄视为瑰宝珍藏。在下司写楹联、桥碑、亭匾多件，墨迹失传。

1940年7月，病危前书联："不竞不争逍遥乎利民以外，无挂无爱独来于天地之间。"眉批写道："古贤哲陶渊明、柳子厚皆有此行。"逝世后葬下司四方井，竖碑铭志。

宋翱

**宋翱**（？—1925）字翔轩，下司镇人。生于书香世家，家资较富。自幼勤奋攻读，且天资聪颖，能过目成诵，在同龄人中，才志殊异，甚得老师称赞。长大后，立志为民效力。入选岁贡，任柳霁（今剑河）县丞。力主禁烟，并写有《戒洋烟》五言律诗四首。积极倡办新学，每遇还乡过节，常邀约镇上耆老名宿，多次协商，倡办下司小学，其子宋光禄参与任教。其时应聘为《麻江县志》（民国）协修，参与撰写志书工作。1924 年调任赫章县长。终因仕途窘困，常还乡与老友相聚，叹息世道险阻，壮志难伸，萌生归隐林下之念。惜还乡未成，于次年病逝于赫章任所。

其诗文创作颇多，后因子逝媳嫁，家道中落，所作诗文散失殆尽。所幸生前好友之子罗儒君在修大坡罗氏家谱时录有数章于其谱中得传于世。

**张先培**（1890—1912） 字心裁，祖籍下司镇瓮港村芭茅冲。同盟会员，刺杀袁世凯的革命党人。其父张梁，清末总兵，以“军功”起家，迁住贵阳南京街（今中华北路）。先培生性刚直，豪爽仗义。就读于贵阳乐群小学时，受民主革命思想影响，言谈间流露愿舍身尽瘁国事。毕业后，欲东渡日本，父以其年少不许。先培向贵州巡抚庞鸿书申请亦未允，乃上书忤庞迂腐。两年后，以“父荫”选入京都陆军贵胄学堂。会同黄芝萌（贵定人）、杨禹昌（四川人）等结伴北上求学。

张先培

1911 年辛亥革命胜利后，袁世凯北洋军镇压革命党。革命党人认为：“今日之事，惟有炸袁乃可了耳。”张先培等热血青年参加同盟会北方支部和暗杀部，谋划诛锄袁氏，保护民国。在京闻粤七十二烈士殉难，先培慷慨陈词：“好男儿当如此，凡君子之举事也，以义勇为天下倡。”

1912 年 1 月 15 日，革命党人定次日在东华门一带伏击袁世凯。1 月 16 日，先培身藏炸弹，往天顺茶楼佯装茶客伺机而动。先培掷一弹击中袁世凯的副车，卫队营管带袁振标、侍卫杜保以及两名马巡毙命，袁世凯侥幸逃脱。

卫戍军警赶到后，张先培、黄芝萌、杨禹昌等人被捕。在先培身上搜出蒲叶裹着的炸弹，又到贵州会馆内查出手枪、子弹、照片等物，其他人员获保释。先培、芝萌、禹昌 3 人遭禁卫军统领兼北京军政执法处处长陆建章电刑逼供，先培等坚贞不屈，痛斥“袁世凯是窃国大盗，国人恨之，诛炸袁贼是出自爱国热情……”1 月 19 日，袁世凯恼羞成怒，竟诬先培等人为“土匪”，命军政执法处处决，先培等 3 人被棉花裹住浇透煤油，纵火活活烧死。先培在牺牲前，慷慨陈词：“我不得为共和国之新民，尚可为共和国之新鬼，死有何憾！”

嗣后，革命党人将张先培、黄之萌、杨禹昌和先于他们牺牲的彭家珍（炸毙宗社党首领良弼而牺牲的京津同盟会军事部长）4 人骨骸安葬在“万牲园”（今北京动物园），竖碑铭志。在“文化大革命”中，墓、碑俱毁无存。1990 年 8 月，在原址立“四烈士墓遗址”石碑。

吴厚安

**吴厚安**（1894—1970） 名传心，系传声胞弟，下司大街人。厚安 8 岁入塾馆读书，13 岁失学务农，15 岁赴贵阳参加新军。1912 年，考入贵州陆军讲武堂，学习两年毕业，于黔陆军第三团任排长，参加过护国战争。1921 年，任援桂黔军第一纵队队长，参加孙中山领导的讨伐桂系军阀陆荣廷的战事。次年，奉孙中山命令赴香港联络唐继尧率滇军参加北伐，唐违令悍然率部图滇。厚安在桂林参加中国国民党，经王天培推荐晋任黔军第三旅旅长。1925 年，受袁祖铭委任第五师师长兼重庆卫戍司令。逾年，广州国民政府派吴玉章、张任民、张醉华到重庆策动袁祖铭领导黔军参加北伐。时袁已回黔，厚安会同任民、醉华至筑找袁商议，袁派厚安为黔军代表往广州向国民政府输诚，广州国民政府即任命袁祖铭为北伐左翼总指挥，率部参加北伐。

1927 年，蒋介石背叛革命，厚安耳闻目睹黔军将领受害，返回西南与阎崇阶、杨德纯等联络进行反蒋宣传。1929 年，弃戎入佛社，自渝移居都匀协府街，倡办“大有实业社”，捐资修建五中教室一栋，并赠《二十四史》《万有文库》等书籍。1943 年，蒋介石到都匀炮校视察，厚安与县长佟玉英等被召见，厚安对蒋的训话嗤之以鼻。“黔南事变”时，日军入侵贵州边境，厚安回麻江接受通校 100 多支枪，在下司组建“抗日自卫队”，次年初撤销。1945 年，在重庆经黄豪、郭则忱介绍参加中国民主同盟会。

贵州解放，吴厚安以民主党派人士身份赴省工作。1950 年月，贵州省人民政府、贵州军区为争取时任贵州省第七区督察专员兼东南绥靖区司令佘辉庭弃暗投明，通过与佘同过事的廖泽高、吴厚安等以私人名义多次写信规劝佘率部起义。2 月，厚安同解放军代表刘寿田到大中，与佘部派出的代表刘开铭（副司令）会谈。2 月 17 日晚会谈结束，由驻大中的中国人民解放军 50 师 150 团 1 营田营长代向独山、镇远专署发出佘部起义通电，并确定由中国人民解放军 150 团在凯里办理佘部改编事宜。厚安等人在大中期间，还说服土匪大队长徐某某率众到下司区政府缴械投诚。

1951 年，厚安参加省政府组织的农村工作访问团赴遵义地区考察农村清匪、反霸和

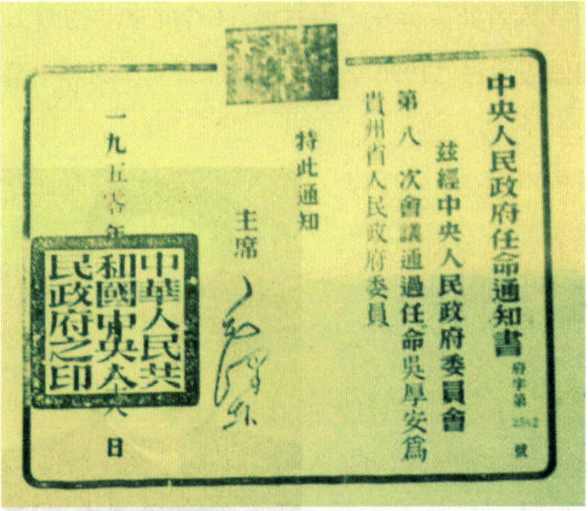

中央人民政府任命通知書 府字第 號

茲經中央人民政府委員會第八次會議通過任命吳厚安為貴州省人民政府委員

特此通知

主席

一九五〇年 日



1950 年中央人民政府签发任命吴厚安为贵州省人民委员会委员的任命通知书

土地改革送动，支持都匀的土地改革。同年 7 月，当选省人民政府委员，继任省农林厅厅长。1955 年后，调任省政府参事室副主任，还被选为省政协常委、民盟贵州省委员会委员。任职期间，虽身患肺气肿、高血压等疾病，仍坚持工作。

1970 年 1 月，病逝于贵阳。

任炳阳

**任炳阳**（1901—1950） 男，汉族，下司大码头街人。其自幼从商，家境殷实，爱好书法，为当地书法名流，有许多碑墓文字留于后世。1941 年，担任下司常备武装区队长。曾在麻江县政府地方田粮部门工作，任下司粮站仓库主任。

1949 年 11 月，麻江解放，任炳阳接受麻江县人民政府安排留用，继续任下司粮站仓库主任。在下司镇的接管建政、征借粮食、上层统战与剿匪作战等工作中，任炳阳拥护中国共产党，积极执行人民政府的政策、法令，维护下司粮站的正常调运与安全工作中，使下司粮站几十万千克粮食始终掌握在人民手中，为人民政府开展各项工作提供重要的物资保证。

1950 年 4 月 28 日，任炳阳在离开粮站赴下司区公所报告情况的途中，被土匪暗探截住，于桃花山将其秘密杀害，壮烈殉职，遗体葬于大塘山。

**周绍阳**（1901—1953） 字良知，下司镇大坡人。自幼家贫，读私塾，进过炉山县立小学，成年后半农半商，跑县内外乡场贩卖猪、牛，任过农村壮丁队长。结识常到下司做生意的富商戴蕴珊，被雇到怡兴昌商号当店员，在随蕴珊经商两三年中显露才华，被派任怡兴昌号湖南洪江分号经理，贩运鸦片发迹。

周绍阳

1935 年，禁止贩卖鸦片，与戴蕴珊、伍效高等开办贵阳宏大字号，任武汉分号经理。1938 年，宏大撤伙，出资 20 万元（银圆）与戴蕴蹦共同开设益强公司，任公司经理。在滇、川、湘、桂、粤、上海、武汉等地设业务网点，经营木材、桐油等土特产和汽油、钢材、棉布等工业品，兼营汽车运输。在商务活动中上攀军政要员何辑五、何知重、杜惕生庇护；中联商界巨子帅出章、刘熙乙、赖永初等协助；善于识才用人，公司生意兴旺。绍阳曾自豪地对人说："想不到我这个山村'苗子'，竟执掌省城经济牛耳。"抗日战争胜利后，益强公司改组，与游芝升等人开设森大木号，在盛产木材的锦屏县购买十多万株杉树，借地养木，分批伐运往武汉等地销售，还以木材为原料开办汉阳纸厂。1949 年 4 月，森大木号贮于鹦鹉洲的大量木材被驻武汉的白崇禧部队强征用于修筑工事，因而损失巨大，从此衰蹶不振。

绍阳致富，不忘故土乡情，在家乡大坡兴办"慈母小学"，免费招收邻近农家子弟入学，并赠每个学生印有"毋忘国耻"字样书包 1 个。捐资为下司小学修建两层砖木结构的教学楼，赠给麻江中学大量图书和教学仪器。还出资修建两座石拱桥，方便过往行人。

解放后，1951 年携全家迁居武汉，全力经营汉阳纸厂。1953 年病故于武汉。

**任铁生**（？—1960） 下司上庄门人，民国前期曾担任黔军尤宇久旅部团长，故地方人皆称之为"团长佬"。先后担任过台江、毕节和从江县县长。

1944 年 5 月，任麻江县临时参议长会副议长。1945 年 4 月，改选麻江临时参议会，任议长。1947 年，任下司小学校长。其间，积极倡议捐资修建下司小学教学楼，得到本土富商周绍阳的全力资助。

1949 年后，享受民主人士待遇。曾以民主人士身份出席麻江县首届人民代表大会。1957 年，出席政协黔东南州首届会议并被大会推选为委员。1960 年去世。

**吴邦荣**（1908—1973） 下司上庄门人。邦荣小学毕业后辍学，到叔父厚安任职的黔军任第五师警卫排长。1929 年，离部队流落社会，参加过哥老会。富商周绍阳的父

吴邦荣

亲月波住下司被绑票，全赖邦荣从中斡旋赎回。周氏父子为报救命之恩，招邦荣到贵阳益强号当店员，后升任下司庄号经理。以月薪和奖金入股经营布匹、食盐、烤烟和五倍子等，分得红利较多，除了用于建房屋买田产外，向下司新中烟厂、天工纺织厂各投资上千银圆，发展成为下司工商业富户。1949 年五月，任下司镇长。

麻江解放后，县人民政府调原任乡、镇长到县城学习，在大多数乡、镇长叛逃为匪的情况下，邦荣也曾一度犹豫，但还是到县城参加学习结业回下司。区长贾俊卿宣传共产党的统战政策和干部政策，宣布邦荣留任下司镇长。邦荣积开展征粮支前和建政工作，组建镇民兵联防队，保卫新生的人民政权。

1950 年，下司地区土匪活动猖獗，黔东南绥靖区反共救国军第九纵队司令、土匪县长周志云，曾先后 5 次写信威逼为匪，均遭邦荣拒绝。妻姐刘启仪是抗日战争初期参加革命的干部，亦多次写信劝邦荣坚决跟着共产党走。当年 4 月 16 日，土匪攻打下司，放火烧毁邦荣的房屋及家财，叫嚣“活捉吴邦荣的赏大洋 1000 元，取吴的头赏大洋 500 元”。邦荣毫无畏惧，率民兵联防队与土匪进行 3 次激战，保护了区、镇人民政权和人民生命财产安全。在肃清残匪中，积极做分化瓦解工作，争取 50 余名土匪骨干分子投诚，缴枪 100 余支。

1953 年，邦荣调任县建设科副科长，后任科长。1956 年，当选为副县长，全力支持完成县人民银行、县人民政府办公楼和人民大会场几座大楼的修建。当选为黔东南州第二、第三届人大代表。1960 年，调州任州建工局副局长，后选任州政协常委。

1973 年 8 月 10 日，于凯里病近。

**刘启仪**（1909—1997） 女，下司大码头街人。幼读私塾，受四书五经熏陶，初步接受男女平等思想。1921 年，由于受到封建礼教束缚，刘启仪辍学在家。1931 年，祖父同意外出读书，考入贵州省立贵阳女子中学。然在升入高中才一个学期时，由于其擅自退掉家里定下的婚约，引起家人不满，再次辍学回家。1935 年，刘启仪受聘任教于下司县立女子小学。次年，担任校长。其间，致力于女子教育，向学生灌输妇女解放、男女平等思想，积极率领女生参加全县的体育运动会。

1937 年“七七事变”后，刘启仪不顾家人反对，化名“田瑜”，将离别信放在床头后孤身出走。到贵阳后，考入贵州妇女战地服务团。年底，随战地服务团前往重庆，被编入国民党军政部管辖的“一二一”后方医院，在药房做调剂员。1938年2月，刘启仪与几个姐妹前往武汉寻找国民革命军某团团长范维忠（下司人）。在范的推荐下，到西安找到八路军办事处。经推荐，进入抗日军政大学洛川分校学习，两个月后，转入延安总校学习，后被分配到富县八路军卫生学校学习。

1939年3月，加入中国共产党，6月，随学校开赴晋察冀边区，被分配在白求恩学校，上前线阵地救死扶伤。1943年4月，回到延安，参加“整风运动”。之后，留在陕北参加“大生产运动”，在八路军总政治部招待处任职。之后调到八路军联防司令部后勤部，继续领导生产工作。日本投降后，刘启仪跟随部队挺进东北。1946年12月，被分配到东北行政委员会财政部。半年后，调到同江海关。11月，调到牡丹江省粮食局。1948年8月，调到东北粮食总局食油厂。

1949年6月，随夫到湖南，先后在长沙市总工会担任女工部副部长、组织部副部长、省立育才小学校长兼党支部书记、省粮食厅工业处副处长等职。1966年6月因病离休。1983年，经中共湖南省委批准，享受副厅级待遇。1997年7月，病逝于长沙。

**胡贤生**（1939—2011） 苗族，下司镇桃花山村人。贵州省人民政府原副省长、党组成员，中共贵州省第七届省委委员、常委，贵州省人大常委会副主任、党组副书记。中共十四大、十五大代表，第十届全国人民代表大会代表，十届全国人大常委会委员、民族委员会委员，贵州省第六届、第七届、第八届、第九届、第十届人民代表大会代表。

胡贤生

胡贤生幼年在下司鲁班庙里接受私塾教育。1957年起就读于麻江中学，1960年9月起就读安顺师范专科学校，1961年加入中国共产党，1962年8月起在安顺实验小学任教。踏实从教，用心育人，曾被评为优秀教师，获记大功一次。1963年3月起任安顺地委宣传部理论教员，安顺地区行署办公室秘书、安顺地委办公室秘书。1982年后，先后任关岭县委副书记、代县长、县长，中共安顺地委副书记、秘书长兼安顺市委书记，安顺市人武部第一政委、安顺地区行署副专员、行署专员。其间团结和组织干部群众，为推动关岭县经济建设和社会事业发展做了大量工作，积极促进安顺市机构改革、城市建设、企业转产和经济社会的发展，为地区的政治稳定和经济、社会发展以及促进民族团结进步做了卓有成效的工作。1989 年 7 月，任中共黔东南州委书记、凯里军分区党委第一书记。其间，广泛团结各族干部群众，解放思想、实事求是，大力促进社会主义物质文明和精神文明建设，积极推动全州改革开放、国民经济和各项社会事业发展。1993 年起，先后任贵州省人民政府副省长、省政府党组成员，中共贵州省第七届省委委员、常委，贵州省人大常委会副主任、党组副书记。2003 年 3 月，任全国人大常委会委员、全国人大民族委员会委员。其间，认真履职，积极探索，在推进体制改革、人事编制、社会主义民主法制建设、坚持和完善人民代表大会制度、依法履行监督职责等方面做了富有成效的工作。

2009 年退休，2011 年 1 月于贵阳逝世。

## 名人与下司

**鄂尔泰、张广泗疏浚马尾河** 鄂尔泰（1677—1745），西林觉罗氏，字毅庵，满洲镶蓝旗人，云贵总督，“改土归流”运动推行者；张广泗（？—1748），清雍乾时期名将，先后任过贵州巡抚、湖广总督、贵州总督职务，亦为“改土归流”运动推行者。

清雍正七年（1729），鄂、张二人奉命疏浚清水江。其中，下司境内马尾河河段的龙王洞等险滩，为重点疏浚河段之一。在二人的督办下，终被开浚，商船可以顺通到上游都匀府（今都匀市）。

**戴蕴珊下司经商** 戴蕴珊（1895—1955），又名戴世隆，麻江县坝芒乡人，民国时期贵州巨商，著名民族资本家，贵州银行主要创办人之一，曾担任贵州省商会主席、贵州省临时参议会参议员。

戴蕴珊幼年在湖南客商张文斋的商号里当小伙计打杂，日渐成为得力助手。后独立经营，常往返于贵阳、下司和湖南之间贩运土特产和布匹等，资本不断积累。再后携资金到省城贵阳发展，先后组建“益强股份有限公司”“怡兴昌银号”和“怡兴昌银号股份有限公司”等，日渐成为省城富商，声望显赫，人称“南百万”（省城南面的百万富翁），为从下司码头开始发家的商人。

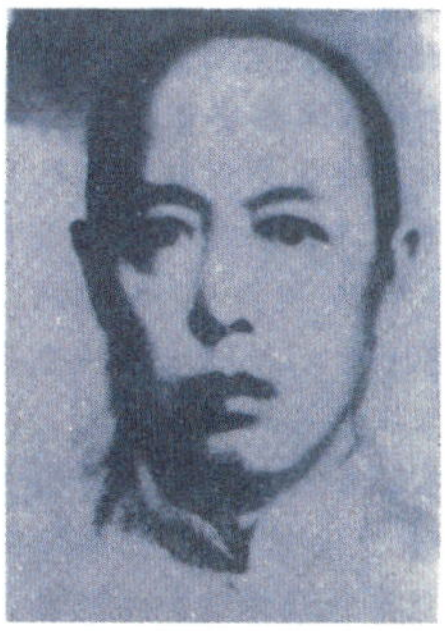

戴蕴珊

戴蕴珊在下司经商的二十多年间，对下司有深厚的情谊。到贵阳和武汉后，常对人说：“下司是我开启商事之地。没有它，就没有我的今天。”

**李光庭开展中共地下活动** 李光庭（1906—1950），汉族，中共党员，贵州松桃人，中共凯里地下党小组负责人，贵州著名革命烈士。

1946 年 10 月，李光庭在下司大良田以开客栈为掩护，结识麻江县医院代理院长周明立及其妻任维秀（下司人）。后安排二人到下司镇开办“三元宫明星诊所”（位于罗家山脚），作为凯里地下党小组在下司的秘密活动联络点。李光庭曾对周明立说：“明星者，民心也，民心可贵”。

**王朝文赞誉下司酸汤宴** 王朝文，苗族，黄平县翁坪乡人。曾任贵州省人民政府省长，贵州省人大常委会主任，全国人民代表大会民族委员会主任等职。其退休后，致力于黔菜的传承与发展工作，任中国食文化研究会名誉会长，被中国饭店协会授予“中国黔菜研究开发杰出成就奖”。

2005 年 12 月，麻江县人民政府举办“贵州麻江下司苗族酸汤鱼宴研讨会”时，王朝文受邀到下司参会，赞誉当地开发酸汤鱼宴取得的重要成果。

王朝文（前排左一）在酸汤鱼宴研讨会上（2005 年）

麻江县史志办 提供

# 人物表录

下司镇名师艺人一览表

表 11

| 姓名 | 出生年份 | 民族 | 主要成绩 |
|---|---|---|---|
| 文朝礼 | 1947 | 仫佬族 | 新民村龙里寨人。1989 年，任麻江县男女龙舟队领队，参加贵州省龙舟赛获龙舟赛男子队直道竞速 800 米冠军、直道竞速 600 米亚军，女子 800 米、600 米两个直道竞速冠军。多次带队参加国际国内参赛，获冠军 48 次、亚军 68 次、季军近 100 次 |
| 文朝汉 | 1971 | 仫佬族 | 新民村龙里寨人。1989 年，首次参加贵州省龙舟赛。后担任龙舟队队长和教练。2007 年，带队获全国第八届少数民族传统体育运动会龙舟赛男子 500 米、800 米、1000米直道竞速及男女混合直道竞速与小龙舟直道竞速等赛会所有项目的8枚金牌。2011 年，带队获第九届全国少数民族运动会龙舟竞赛中所有 12 个项目金牌。2015 年以来，兼任凯里经济开发区实验高中水上项目特色班龙舟教练 |
| 赵元桥 | 1948 | 苗族 | 铜鼓村人。1980 年，木刻作品《丰收之夜》入选贵州省第二届青年美术展。2002 年，作品《苗家送新》获贵州省农民画优秀奖，被贵州省艺术馆收藏。参加陕西省“好猫杯”和中国现代民间绘画精品展参展获二等奖。《宰丧牛》参加西安“全国首届风俗画大奖赛”获佳作奖，被国家民俗博物馆收藏。2003 年 10 月,《山间小路上》参加浙江省艺术节获银奖，参加第七届中国艺术全国现代民间绘画画乡建设成果暨第二届神州中国农民画艺术节，获“中国现代民间绘画优秀画家作品提名奖”并被收藏。作品《斗牛》被收入 2003 年 7 月江西美术出版社出版的义务教育课程标准实验教科书一年级美术课本。作品《苗岭新时代》入选江苏凤凰美术出版社出版的《2018 全国农民画优秀作品集》 |
| 杨文秀 | 1949 | 苗族 | 铜鼓村人。1987 年 5 月，贵州省民间绘画在北京民族文化宫展出，作品《买玩具》《出嫁之前》《板凳舞》入选参展，被中国民间美术博物馆收藏。1988 年 9 月，作品《杀虫归来》在全国农民书画大奖赛中获入选奖。1990 年 10 月，作品《斗鸡芦笙舞》获贵州省首届少数民族画展一等奖。1999 年 10 月,《斗鸡芦苼舞》获贵州省首届少数民族画展一等奖。作品《苗岭香炉山》《主人归来》在《贵州日报》《贵州民族画报》刊载。《苗岭香炉山》被日本制成明信片发行 |
| 潘文芳 | 1952 | 苗族 | 铜鼓村人。作品《睡猫》发表于《中国美术报》，被中国民间美术博物馆收藏。《哭丧》参加全州第二届现代民间绘画展获一等奖。《抗旱》《等情人》被中国民间美术博物馆收藏。《母子情》《游方》发表于《今日中国》杂志,《姨妈饭》发表于《贵州画报》。1993 年 3 月，应邀赴日本参加民间民俗绘画表演。1995 年 9 月，被全国妇联邀请，在北京第四次世界妇女大会上现场表演 |

续表 11

| 姓名 | 出生年份 | 民族 | 主要成绩 |
| --- | --- | --- | --- |
| 陈其林 | 1964 | 苗族 | 铜鼓村人。三十多年间创作作品400余件，代表作有《放鸡》《喜喝酸汤鱼》和《金秋满院》等。多件作品先后参加国内各级展览以及到日本、美国、英国、法国、德国、乌拉圭、阿根廷等国家展出，先后被多家博物馆和国内外多名专家学者收藏，多次获得金奖、特别金奖和一、二、三等奖等 |
| 赵龙玉 | 1976 | 苗族 | 铜鼓村人。1984年，作品《苗乡太阳红》获全国少儿书法绘画展绘画奖。1986年，作品《朋友》获国际和平年“热爱和平、热爱家园”北京国际儿童绘画展优秀奖，《欢乐的课外活动》获在叙利亚首都大马士革举办的“第一届国际儿童艺术节美术作品比赛”银牌奖。1988年1月，作品《献给老山前线解放军叔叔的一封书签》获“全国首届园丁杯少儿美术作品评奖赛”二等奖。4月，作品《放学之后》获得全国首届少数民族儿童书画展一等奖。2000年8月，在联合国人口基金会、国家计划生育委员会联合举办的国际宣传画竞赛中获中国赛区鼓励奖。2004年4月，《织布》《满月酒》《酒醉忘上路》等20多幅绘画作品被日本大阪博物馆收藏。2017年《端午走亲戚》入选“中国精神·中国梦”全国农民画大展并在中国美术馆展出 |
| 吴聪明 | 1966 | 苗族 | 清江村人，州级民族民间文化优秀传承人，中国烹饪大师、中国黔菜名师、贵州烹饪名师。1993年创建“望江酒楼”，推广红酸汤菜肴。2004年5月，“下司酸汤鱼宴”获第五届中国西部国际精品菜肴暨美食文化展团体“特金奖”和个人“特金奖”；10月，望江酒楼代表贵州黔菜团参加在重庆举办的第五届中国美食节，获“金鼎奖”。2005年8月，“望江酒楼”获“中国十佳黔菜馆”称号。2007年5月代表贵州黔菜团参加在青岛举办的“第八届中国美食节”获“金鼎奖”“中国名菜”“中国名宴”奖 |
| 田仁福 | 1976 | 畲族 | 花桥村人，省级非物质文化遗产“粑槽舞”传承人。2001年，组建粑槽舞传承队，参与镇级、县级和州级各种表演。担任村民委员会主任后，致力于粑槽舞的抢救和传承工作，使粑槽舞群众基础越来越广泛 |
| 龙明燕 | 1986 | 苗族 | 清江村人，2006年开始创办养犬场，2008年，开办下司犬淘宝网购店。2009年，创办下司犬保种提纯繁训中心。2013年，销售下司犬400余只，收入20余万元。2017年，建有养殖基地8亩，年出产成犬、幼犬3000余只。2012年，获麻江县“农村青年致富带头人”称号。2016年，凯里经济开发区妇联授予“双学双比女能手”称号。2014年和2016年先后接受中央电视台中文国际频道《走遍中国》栏目、农业频道《美丽中国乡村行》栏目专访报道 |

下司清水江　　袁蕊倩　提供

# 大事纪略

下司的诸多往事在历史的长河中沉淀并形成独特的下司文化。下司的山水依然那样碧绿，下司的民族风情还是那样浓郁。下司，厚积薄发、乘势而上在改革开放中迸发出自己的青春和活力。

古镇建筑浮雕局部（2017 年） 顾先文 摄

## 清嘉庆十三年（1808）商埠开埠

清嘉庆十三年（1808），麻哈州知州徐凤喈开辟下司场，下司正式开埠，标志下司成为贵州东部地区重要的商业口岸。

## 1925 年贵州省下司厘金局建立

1925 年，贵州省财政厅在下司“小街”码头上下货物处设立关卡，建贵州省下司厘

民国时期厘金局交纳特税使用的银锭 杨育泽 提供

金局，首任局长黄丹成。凡上船鸦片，每担必须收缴“查验标签费”1 ~ 2 块银圆，每年收税金可达数万银圆。1927 年 1 月，改称“下司厘护饷捐局”，合并征收的有厘金、护商费、通关税和盐商营业捐等。1931 年，退出历史舞台。民国后期，房屋被洪水冲走。

## 1931 年下司女子私塾馆创办

1931 年，下司镇小街（街名）范梓材先生在自家宅内开设“女子私塾馆”，招收女生 30 余名。第二年春，下司名流余吉祯、李雍平、李治邦、任炳阳创办“下司女子小学”，任炳阳任校长，时仲光、余吉祯任教员。校舍设于江西会馆“万寿宫”内，女子私塾馆并入下司女子小学。

## 1936 年下司大街发生特大火灾

1936 年 10 月 15 日，下司大街发生特大火灾，受灾 65 户，贵州省赈务会拨 650 银圆救济灾民。

## 1938 年国民党陆军通信兵学校军犬所和军鸽所迁入下司

1938 年 8 月，国民党陆军通信兵学校由广西兴安迁驻麻江县城。该校的特种通信队下设军犬所和军鸽所。其中，军鸽所设置于下司禹王宫，所长为黄瀛、副所长为高乐文，下设 3 个分队，训练昼夜通信鸽数百只；军犬所设置于下司玉皇阁，营长为韩云超，后由李丹秋任所长。军犬所开始有 8 只种犬，后从国外引进一批种犬，军犬繁殖到四五十只。1944 年 10 月，陆军通信兵学校迁往四川，军犬所和军鸽所随之迁出。

## 1950 年下司保卫战

1949 年 11 月，中国人民解放军解放下司。12 月 12 日，下司区人民政府正式建立。因解放军主力入川、滇剿匪作战，守备力量薄弱。1950 年 2 月 18 日，“东南绥靖区反共救国军第九纵队司令”周志云匪部杨跃宗、李国才带匪 300 余人攻打下司。4 月 16 日，土匪 3000 人再次攻打下司。8 月上旬，周志云带匪徒 1000 名攻打下司。区长贾俊卿、镇长吴邦荣等率领军民积极开展保卫反击战。战场涉及桃花山、马鞍山、蒋家湾、鲁班庙、青狮河、沙飘、良田坝、团坡、马场、天开门、德兴大冲、尾巴坡、玉皇阁、海水波、卧虎坡、大浪、小街、大街、大码头、上庄门和隆堡等地。8 月 18 日，中国人民解放军 186 师奉西南军区命令开赴黔东南地区剿匪。9 月 16 日，186 师 554 团从麻江出发向周志云匪部布防一线搜索围剿，周匪在大中、舟溪被 554 团 1 营和 3 营夹击溃败逃往雷山。9 月 20 日，186 师离开麻江县前往雷山县指挥围剿谢世钦匪部，下司保卫战结束。

## 1960 年下司大桥建成通车

1960 年 6 月，横跨清水江马尾河段的下司木质大桥建成通车，为石墩木架、木面三跨主跨主孔桥，结束两岸人民群众过河艰难不便的历史。1968 年，贵州省公路局再次拨款 38 万元，改造为双曲拱引桥，于次年 7 月通车，桥长 134 米，高 11.5 米，车道宽 7 米。

## 1999 年贵州省人民政府批准成立“下司风景名胜区”

1999 年 4 月，贵州省人民政府批准成立“下司风景名胜区”。其中，下司古镇街巷被列为重点保护街区。

## 2004 年“中国西部龙舟城暨贵州省龙舟训练基地”落户下司

1989 年，贵州省、黔东南州专家考察“贵州省下司民族体育村项目”，经论证并立项。1992 年 3 月 10 日，“下司龙舟训练基地”工程动工，贵州省财政厅和贵州省民委拨款 50 万元，修建长滩龙舟赛场和看台。2004 年建成投入使用。

## 2006 年下司皮划艇激流回旋基地建成

2005 年，激流回旋国家奥运项目建设获批，项目总投资 1200 万元。2006 年 2 月完成施工方案设计，3 月动工建设，7 月完工建成。10 月 13 日，被国家体育总局水上运动管理中心命名为“中国皮划艇协会贵州下司皮划艇激流回旋训练基地”。基地位于古镇下游的东岸边，被誉为“贵州唯一、亚洲最好、世界一流”。

## 2010 年第六届亚洲皮划艇激流回旋锦标赛在下司举办

2010 年 5 月，由亚洲皮划艇联合会和国家体育总局水上运动管理中心主办，中国皮划艇协会和贵州省体育局、黔东南州人民政府承办的“第六届亚洲皮划艇激流回旋锦标赛”在下司举办。

## 2014 年下司镇整建制划归凯里市管辖

2014 年 9 月 15 日，贵州省人民政府同意将麻江县下司镇整建制划归凯里市管辖，原下司镇行政区域和政府驻地不变。

## 2017 年下司古镇被批准为国家 AAAA 级旅游景区

2017 年 11 月，经贵州省旅游资源规划开发质量评定委员会组织专家评定，下司古镇景区被批准为国家 AAAA 级旅游景区。

下司民族中学新校区一角 蒋建民 摄

# 附录

## 拯救中华名犬——下司犬

中华名犬——下司犬，出产于麻江县下司镇一带，是我省独有的一个世界级名犬品牌。目前，面临退化和灭种的危险。去年，麻江县采取措施拯救下司犬，在省财政支持的 20 万元基础上，初步建起一处保种繁纯场。最近，省政府参事前往调研时，看到由于后续资金不足，见效不大，前景堪忧。据反映，在目前尚不具备市场支撑的情况下，还需要各级政府加大扶持力度，帮助早日实现该项目的建设发展目标——让下司犬走向国内外市场。

——摘自《贵州日报》2006 年 8 月 7 日

## 国家皮划艇队出征伦敦奥运仪式在贵州举行

在麻江下司国家皮划艇激流回旋基地进行为期 37 天的备战训练后，6 月 9 日，国家皮划艇队出征伦敦奥运会的欢送仪式在黔东南州麻江县举行。

在麻江下司训练中，国家皮划艇队充分利用场地丰富的水流，加强典型水流上的组合训练。为了提高运动员的参赛应变能力，国家队还在训练中进行了大赛前的心理调控演练。据了解，被称为“贵州皮划艇第一人”的岑南琴也在出征队伍之列。

——摘自《贵阳日报》2012 年 6 月 11 日

# 贵州麻江下司队锦江称霸

新华社贵阳7月8日奥运专电（记者李放）2012年中华龙舟大赛第四站8日在铜仁锦江落下帷幕。经过两日的激烈角逐，贵州麻江下司龙舟队成为最大的赢家，包揽了男、女组单项和总成绩第一名。

8日的铜仁晴空万里、微风徐徐，由于实力强劲、有“小国家队”之称的广东顺德龙舟队没有参赛，因此本站的竞争格外激烈。最终，在家门口作战的贵州麻江下司男子龙舟队以49.48秒和1分55秒59分别获得男子200米和500米直道竞速赛冠军，并获得总成绩第一名；贵州麻江下司女子龙舟队也分别以57.67秒和2分13秒56的成绩在两项比赛中技压群芳，并获得女子组总成绩第一名。

作为此次大赛的承办方，铜仁市碧江区委书记陈代文说：“划龙舟自古就是当地百姓喜闻乐见的体育活动，此次龙舟大赛不仅向全国人民展示了铜仁的青山秀水，更是对中华民族传统体育和文化的推广和传承做出了贡献。”

——摘自新华网贵州频道

2012年7月9日电（记者　李放）

# 蓄势腾飞下司镇

1 月 26 日，凯里经济开发区下司镇。

冬日的夜晚来得早，刚过下午 5 时，天色已显得有点昏暗。暗沉的天色下，下司古镇街区建设热情未减。

在中心街区，工人们忙着在挖开的街道上铺设下水管道，实施“三线下地”工程。顺着街边木板、石块铺成的简易道路往前走，鼓楼、两湖会馆、戏台等建筑已见雏形，到处都可见工人们忙碌的身影。

“现在的下司就像一个‘巨大的工地’，过几个月，你们再来，就能看到一些成果了。”下司镇党委委员、组织委员唐厚钟告诉记者。

下司镇位于麻江县东南部、凯里经济开发区西南部、清水江畔，总面积 138.4 平方千米，近 3.5 万人，以汉、苗、仫佬等民族为主，是黔东南生态旅游和人文旅游西入口第一重镇。下司区位优越，凯麻高速、320 国道、沪昆高速铁路、司辰公路和清水江在境内纵横。早在明清时代，依托便利交通和得天独厚的区位优势，成为清水江上游的商埠重镇。

自“凯麻同城化”战略写入“国发 2 号文件”后，黔东南州委、州政府为加快下司古镇开发建设力度，在去年 1 月，全面委托凯里经济开发区领导和管理下司镇。

昔日的商埠重镇如何再现繁华？作为凯麻同城的片区中心，下司镇又将如何定位？

据《凯里—麻江经济发展总体规划》以及凯里市未来 20 年城市发展方向，将下司定位为以下司商埠文化为基础，以山水田园为依托，以天造山水、人文下司为主题，融入苗、侗、汉等民族文化特色，集旅游、休闲、文化、度假、娱乐、创意、艺术、居住、商务及办公为一体的国际化和复合型的休闲、旅游、度假名镇，带动整个下司片区的城市发展。

2012 年炉下快速通道开工典礼　　罗芳平　提供

为了进一步加快实施凯麻同城化战略，高起点、高标准打造下司古镇，黔东南州人民政府聘请曾经成功打造四川省汶川水磨古镇、西藏鲁朗、广东省佛山等国际旅游小镇的北京大学陈可石教授作下司古镇建设的总设计师，实行总设计师负责制，并由州规划局委托北京大学中国城市设计研究中心和中营都市与建筑设计中心编制《下司古镇启动区概念性建筑设计与景观设计方案》。

《规划》将下司 6 平方千米划定为下司古镇核心区，共分为下司古镇、城西新区、旅游综合服务区、月亮岛旅游度假区、孟家山中央公园、苗侗文化发展园、城东新区、体育运动度假区、宗教与医疗养生区、旅游农业发展区等十大功能发展区。

去年 9 月 8 日，黔东南州举行了下司古镇开发建设会战誓师大会，并成立了下司古镇工程建设指挥部，全力加速下司镇建设。

目前，下司古镇市政基础设施、重点建筑、公共服务设施和景观景点建设及民居风貌改造有序推进，计划明年 10 月 1 日前完成古镇风雨桥、民族文化馆、广东会馆、两湖会馆、张先培纪念馆、阳明书院、夏同和纪念馆、福建会馆、芦笙广场及周边建筑群、旅游商品市场及周边建筑群等“十大重点建筑”，以及民居改造、小河湾景观营造、市政基础设施等改造建设任务，实现古镇景区正式全面对外开放经营，力争 3 年内打造成为国家 AAAAA 级景区。

如火如荼的古镇建设也在改变着下司镇居民们的生活，他们中很多成为建设队伍中的一员，还有很多从中觅到了商机。

下司镇清江村张荣福的家紧挨着镇卫生院，离镇中心街区有段距离，“过去晚上我们这里连路灯都没有，走路都怕。”张荣福说，下司镇开发建设后，家门口不仅有了路灯，门前的马路还变成村民们新的赶集场所，人气一下旺了起来。他瞅准机会把自家一楼的住处改成4个门面租出去，自己也摆起百货摊，收入比以前多了。

“下司镇建设好了，来的人就会多起来，人一多，做什么都好做。”张荣福对以后的日子很是憧憬。

——摘自《贵州日报》2014年2月11日

## 乡村中走来的农民艺术

### “本源艺术”受到大众青睐

还记得羊年元宵晚会那个陕西小品《卖画》吗？小品最后那句“农民画接地气，我们生活最给力！”相信引起了很多农民画画家以及农民画收藏爱好者的共鸣。

从乡野搬到荧屏，从自画自赏走向收藏市场，农民画正逐渐走近大众的视野，它的鉴赏价值也随着大家对它认识的加深而逐渐上扬。

“农民画”是民族民间绘画的一种表现形式，以当地文化为土壤，以反映农民自身生产、生活为旨趣，以作者自己思想感情与审美理想构成其具有民族、民间风格的艺术特性。多为农民自己制作和自我欣赏的绘画和印画，其范围包括农民自印的纸马、门画、神像以及在炕头、房屋、山墙和檐角绘制的吉祥图画等。

在有苗、侗、布依、彝等十七个世居少数民族的多民族省份贵州，有着孕育农民画的丰盈土壤，这里民间艺术极为丰富，包括了刺绣、蜡染、挑花、织绣、剪纸、银饰、陶器、漆器等等，仅苗族一个民族的服装就有103种之多。各个民族在生活中保持和流传着多彩多姿、光彩夺目的民族民间工艺美术传统，当它们被巧妙地运用在绘画作品中，贵州农民画就具有了地方特色和民族特色。

2015年3月31日，在1991年就被文化部命名为“中国现代民间绘画画乡”的麻江县，成立了麻江农民画创作基地。这一举措，犹如在当地的农民画家及一众爱好者们的心湖中投入了一颗石头，激起了层层涟漪。

早在70年代，受古老苗族文化的熏陶，麻江县铜鼓村一带，就兴起了农民画绘画之风，在原麻江县文化馆戴聚一老师的指导下，村里的农民就开始热衷于绘画创作。

“喜欢哪样画哪样”“怎样好看怎样画”……没有学院画派所表现出来的严谨、准确，农民画家们呈现出一种无拘无束的意境。他们以现代农民的思维和本民族自身的审美理念去观察世界，成功地把本地苗族中剪纸、刺绣、蜡染、雕刻等传统民间美术、造型手法引用到现代绘画中，有机地融合了当地民族民间艺术精华而进行再创造，创造了一个属于自己的全新艺术天地。

饱含着时代气息的农村生活和对未来的憧憬，彰显着农民独创的绘画语言和夸张变形的艺术手法，富含着浓郁的民族特色和极强的艺术感染力，麻江农民画以其构图朴素、想象丰富、土中见雅、拙中见美、风格鲜明等特点，再现了一幅幅苗族同胞的生产生活场景，绘就了少数民族同胞富足、和谐、快乐的幸福生活。

麻江农民画或浓烈如酒，或淡雅如风，均能在多变的线条组合和强烈色块对比中得以和谐统一。以自己鲜明的民族物色和地方特色立足于世，是具有独特民族气派和独立艺术语言的本源艺术品。作品所透出的勃勃生机和深厚的民族文化沉淀，使人们充分看到了我国传统民间美术所蕴藏的巨大潜能和无限生命力，为我国民族艺术的百花园增添了一簇绚丽的奇葩。

时光荏苒，从乡野中走来的农民艺术发光发彩。麻江先后培养了70多名苗族民间绘画作者，有上万幅作品被中外游客争相购买；共有2000多件作品赴美国、法国和德国，以及国内的北京、上海等地展出；有200多件作品获国家和省州各类奖项，20多件作品先后被国家级博物馆收藏，3件入选中国第一届艺术节展览，100多件在国内外各级报刊发表，作品被专家和外国学者称为“民间奇花”“本源艺术”。

### 夫妻画家：绘出五彩天地

在麻江铜鼓村，有这样一对远近闻名的农民画夫妻，丈夫赵元桥是村里的第一代农民画画家，被誉为“铜鼓农民画之父”。妻子杨文秀，擅长挑花刺绣，在丈夫的带动下，成长为一名优秀的农民画家。

第一次见到赵元桥的人，很难把他和一名“画家”的身份画上等号，普通的深灰色

夫妻画家展示作品（2015 年） 陈丹 提供

衣服，黑色的裤子，沾上不少泥土的鞋子，粗糙的双手上有很多干裂的小口，全身上下找不着一星半点艺术家的气息。

就是这样一名看似貌不惊人的老人，自 70 年代起，在得到原麻江县文化馆戴聚一老师的指导后，心中的绘画欲望从此得到释放，走上了一手拿着锄头，一手拿着画笔的“双面生活”。

“随心所欲，想画什么画什么。”赵元桥的画作题材广泛，举凡苗族风情、生活习俗、生产丰收、神话故事等都可成为他入画的题材。其作品还曾漂洋过海，到日本、美国等国家展出，并多次在全国、省、州、县（市）比赛中获奖。

他创作的《宰丧牛》中所反映的苗族丧葬习俗，甚为奇妙。这一画作，场面宏大，构图饱满，形象生动，曾获“中国首届风俗画佳作奖”，并为西安市的中国长安民俗博物馆所收藏。他创作的农民画《斗牛》人物众多、栩栩如生，斗牛雄壮、动感十足，色彩鲜丽、美观大方，布局精巧、格调和谐、场面壮观宏大，展现了苗乡斗牛的精彩场面，反映了苗族群众敢于拼搏、勇于奋斗的精神风貌，是一副有着鲜明民族特色和民间文化积淀的精品力作，被收入了小学美术课本。

“从小我们苗族姑娘就学习挑花刺绣，对色彩的搭配、整体的构图都很娴熟。”妻子杨文秀感慨地说，把画布当绣布，把画笔当绣花针，把颜料当花线，自己进入“角色”很快。

因为有共同的爱好，夫妻俩经常在一起切磋，然后把平日生活里见到的场景变成画作，创作了《斗牛》《香炉山》《比手艺》《主人回家》等一系列笔法细腻却充满了想象力的作品。

“下地的时候，我俩一边干活儿，一边讨论这个题材应该怎么表现，我们互相提建议，说着说着，灵感就来了。”杨文秀说，她以凯里香炉山为创作背景，以苗族刺绣颜色为创作颜料的作品《香炉山》，在日本美术大展中广受好评，被日本岸和田市文化会馆选作明信片图案发行。

“画画，是爱好，更是生活的一部分。”赵元桥说，一直以来，找他们夫妻俩要画的人很多，但他们并没有把这当成谋生的手段，依然该干活时干活，该画画时画画，这样的生活状态或许正是他们的创作灵感源源不绝的关键所在。

“以后画的画自己也要收藏起来，办个麻江农民画展览，让大家看看我们农民画的艺术魅力。”赵元桥说自己现在除了教画画外，又有了新的奋斗目标。

### 既是藏品又是传递文化的名片

很多人第一眼看到农民画，都有眼前一亮的感觉，惊叹的不只是那夸张的表现形式、姹紫嫣红的色彩以及大胆的构图，更有整幅画所呈现出来的那种喜悦、乐观、积极向上的感人情怀。

在农民画画家的眼里，大山可以是一道道彩色的织锦，树干可以是一条条美丽的花带，河里的鱼可以游上天空，天上的云朵可以缝制衣裳。他们的画作无拘无束，绘画题材信手拈来，喂鸡、喂猪、跳芦笙、打米粑、回家、抓鱼、过节等，生活中的任何人、物、事都可以是他们作画的主题，透过画纸，农村乡野生活活灵活现地展现出来。

在麻江，经过了三十多个春夏秋冬，麻江农民画以其鲜明突出的艺术特色，大胆独特的艺术构图，粗犷豪放的地域风格，时尚别致的创作手法，闯出了一条“以民族传统、民俗风情为养分，以自身生活为源泉”的创作之路，逐渐挤进了中国和世界艺术之林，有的作者已成为农民画专业户，在民间美术市场上闯出了路子。他们的绘画作品漂洋过海到日本、美国以及德国展出。部分作者几次被邀请到日本、韩国等国家和中国香港地区讲学和现场作画，其中有些作品已被国家博物馆收藏，有的编入了大型画册《中国现代民间绘画选粹》。

因为有了这些一手拿锄头一手握画笔的农民画家对本土民族生态文化的孜孜不倦的

追求，才有了这些寄托了农民美好心愿，再现了鲜活乡野的农民画。近来，农民画商业价值越来越被人认可，一幅好的农民画从过去的两三百元已上升至几千元，吸引全国各地以及海内外的绘画收藏爱好者纷至沓来。

“在画里，你能领略到中国文化的多姿多彩，感受到作者质朴、大胆、夸张和烂漫的情感。可以说，农民画是中华民族文化的一颗璀璨明珠。”有专家指出，不管从历史文化、艺术审美，还是社会价值的角度来看，农民画都具有重大的意义，有望成为大山的又一张闪亮亮的“文化名片”。

“把农民画培育成为麻江的一张有形的文化名片。”麻江县委书记王镇义说，农民画是麻江的一笔文化财富，麻江农民画应集群发展，提升艺术品位，打造体现民俗风情、地域特色和时代气息的麻江文化品牌。

——摘自《贵州日报》2015 年 6 月 17 日

# 主要参考文献

民国二十七年本《麻江县志》。

民国三十七年本《贵州通志》。

麻江县志编纂委员会编:《麻江县志》，贵州人民出版社，1992 年。

麻江县志编纂委员会编:《麻江县志》，中州古籍出版社，2009 年。

政协麻江县委员会文史资料研究委员会编:《麻江文史资料》，1985 年。

政协黔东南州委员会文史资料委员会编:《黔东南文史资料选辑》，1983 年。

金良勇主编:《下司小学校志》，2012 年。

杨育泽编著:《下司故事》，贵州大学出版社，2017 年。

黔东南州地方志编委会编:《黔东南州农业志》，贵州人民出版社，1990 年。

《农民日报》，2000 年 8 月 3 日，第 3 版。

《世界名犬欣赏》，金盾出版社，1987 年。

# 编纂始末

为积极响应中国地方志指导小组办公室开展中国名镇志文化工程工作，推动下司旅游发展，2016 年 4 月，成立《下司镇志》编纂委员会及其办公室，聘请乡贤任才荣负责资料收集整理和编辑工作。2017 年 4 月，由杨育泽担任执行主编。

《下司镇志》初设概述、基本镇情、古埠码头、风土民情、旅游水镇、艺文　杂记、名人与名镇和大事纪略 9 个篇目及附录，重点突出下司古镇的水码头文化、民族民间文化等地方特色。

2017 年 11 月，完成初稿，并于当月 28 日召开镇级内审会。2018 年 2 月将篇目报中指组专家初审。2018 年 4 月 4 日，召开市（县）级评审会，凯里市地方志办熊绍鹏、黄海忠、顾先文负责主审，特邀黔东南州地方志办欧阳可和下司乡贤任才荣参加评审。2018 年 7 月 27 日通过州级复审会，黔东南州志办李文明、欧阳可、张方芳负责主审，特邀凯里市地方志办熊绍鹏、黄海忠、顾先文、凯里市民宗局潘定国、凯里市保密局郜冬兰、凯里经济开发区社会事务办文化科刘阳、下司镇乡贤任才荣、麻江县史志办李显林、丹寨县史志办雷有祥、雷山县史志办杨永芳、李永东、锦屏县史志办龙立榜、黄平县史志办潘世仁、廖尚刚、《黄平县重安镇志》执行主编梅正魁等领导和专家等 20 余人参加评审。2019 年 1 月 4 日，在贵阳通过省级终审，贵州省地方志办钟莉、陆震、车秀琴、胡宇负责主审，特邀史志专家史继忠、周声浩参加评审。

根据省级评审会意见，对志稿进行了相应的修改、调整和补充后，于 2019 年 3 月底将志稿报送中指办。4 月起，杨育泽不再担任执行主编。聘请李元星（黔东南州地方志办方志科原科长）为顾问，黄海忠、顾先文承担总纂任务，根据中指办和方志出版社的审稿意见，解决文体文风及行文规范问题，调整篇目，删繁就简，补充资料，核实史实及数据等。6 月，再次报送中国地方志指导小组办公室评审，7 月进入方志出版社出版流程前质检。8—9 月，本志编委会、编辑部相关人员，以及各行政村村干对志稿进行了审核。2020 年 8 月通过方志出版社终审。

其间，任才荣和杨育泽先后到省、州、县档案馆、图书馆和史志办等机构查阅文献，深入各村寨搜集口传资料，拍摄山川古迹图片等，走访核实历史事件，邀请苗语工作者协助走访搜集苗语及其古辞、谚语、歇后语，为编纂志书积累了翔实的资料。

本志书的编纂得到了凯里经济开发区工管委关心和支持，先后得到贵州省地方志办领导钟莉、胡宇的关心帮助，得到黔东南州志办领导吴寿昌、王翔、蒲祖银、李文明、陈秋平、杨玉平、龙华鹰先后高度关注和支持。州志办方志科科长欧阳可、副科长张方芳，凯里市地方志办主任熊绍鹏、副主任黄海忠、地方志科科长顾先文共同对志稿的编纂做了大量的指导工作。麻江县档案馆、文物管理所等单位提供资料。苗语工作者杨光荣协助翻译工作。在此一并致谢！

本志所选用图片，少数未能及时确认作者或无法联系到作者，有的则由于年代久远等原因难以确认作者。本志出版后，如有作者能确认其作品，请及时联系图片收集人杨育泽，即付薄酬。

《下司镇志》历经四年有余，数易其稿，方得面世，凝聚了无数人的心血和智慧，是众手修志的成果！本志由于档案资料残缺，加之修志人员水平有限，错讹之处在所难免，敬请各位读者批评指正。

编　者

2020 年 10 月 25 日